Dr. Angela Fetzner

Der Rauhnachtbegleiter

Für Ihre Reise durch die 12 magischen Nächte

Das große Praxisbuch mit

Ritualen, Meditationen, Weissagungen

Dr. Angela Fetzner

Der Rauhnachtbegleiter

Für Ihre Reise durch die 12 magischen Nächte

Das große Praxisbuch mit

Ritualen, Meditationen, Weissagungen

Bibliografische Information der Deutschen Nationalbibliothek

Die Deutsche Nationalbibliothek verzeichnet diese Publikation in der Deutschen Nationalbibliografie; detaillierte bibliographische Daten sind im Internet über http://dnb.dnb.de abrufbar.

1. Auflage 2022

Herstellung: BoD - PLUREOS - Bad Hersfeld

Herausgeber & Vertrieb:

Gartenstr. 10 - 56462 Höhn

Covergestaltung: ZERO Werbeagentur, München unter Verwendung von Motiven von shutterstock.com

Cover-Foto: © Vitalina-G depositphotos.com

ISBN 9783986680251

Inhaltsverzeichnis

Prolog

Die Rauhnächte, die Tage zwischen Weihnachten und dem Dreikönigstag, gelten von jeher als die geheimnisvollste Zeit des Jahres: mystisch, geheimnisvoll und sagenumwoben kommen die Tage daher.

Die magische Zeit gilt auch als Schwellenzeit, in der die Grenze zur Anderswelt dünner wird: Die Schranken zwischen Diesseits und Jenseits, zwischen Licht und Dunkelheit, guten und bösen Kräften, Neuem und Altem, verschwimmen und fließen ineinander.

Zahllose Sagen, Mythen und Bräuche ranken sich seit vielen Jahrhunderten rund um die Rauhnächte

In dieser dunkelsten Zeit des Jahres, in der die Nächte lang und kalt waren, und Schneetreiben und tosende Winterstürme über das Land fegten, machten Geschichten von Geistern, Dämonen und toten Seelen die Runde. Kaum ein Mensch wagte es, nach Einbruch der Dämmerung das Haus zu verlassen, um nicht den finsteren Gestalten, welche um die Höfe streiften, zu begegnen.

Der Mensch erlebt auch heutzutage die Magie dieser Zwischenzeit

In der Zeit zwischen den Jahren haben wir die Chance, Bilanz zu ziehen. Jetzt ist die Zeit für Rituale und Reflexion, für Selbsterkenntnis und für die Entwicklung eines neuen Bewusstseins. Die Rauhnächte bieten Ihnen die Gelegenheit, den Schleier zwischen den Dimensionen zu lüften und neue Erfahrungen zu sammeln.

Wir alle können uns in jedem Moment unseres Daseins neu erfinden.

In den Rauhnächten bereiten wir uns auf eine neue Periode der Existenz vor. Wie werden wir unsere Zukunft gestalten? Glauben wir an die Liebe oder sehen wir uns umgeben von Dämonen, die unser Glück und unseren Untergang vorantreiben? - Mit entsprechenden Ritualen können Sie sich gefahrlos in unbekannte Gegenden vorwagen.

Denn während der magischen Zeit haben wir die Kräfte der Natur auf unserer Seite und Transformation geschieht mühelos.

Die Rauhnächte sind die perfekte Zeit, um Einkehr zu halten und zur Ruhe zu kommen

Das Weihnachtsfest und die Feiertage erfordern traditionsgemäß den Abschied vom Arbeitsalltag. Losgelöst von der üblichen Routine, können wir aufatmen. Die Rauhnächte sind der ideale Zeitpunkt, um geistige Nabelschau zu betreiben. Vor Beginn des neuen Jahrs können wir reflektieren, was unser Leben im alten Jahr bereichert hat, was uns vorangebracht hat und was wir loslassen sollten.

Es ist an der Zeit, auf das alte Jahr zurückzublicken

Die Zeit zwischen den Jahren ist eine Zeit des Abschieds, des Wandels, des Aufbruchs und der Erneuerung. Altes und Belastendes wird losgelassen, um Raum für Neues zu schaffen.

Die Regeneration und Erneuerung in der Natur sind eine Chance für den Menschen, sich dieser Erneuerung im Einklang mit dem Rhythmus des Lebens anzuschließen. Lassen Sie Ihren Gedanken und Gefühlen freien Lauf, besinnen Sie sich auf Ihre innersten Wünsche und Bedürfnisse. Gehen Sie raus in die Natur, lauschen Sie dem Wind und achten Sie darauf, was Sie wahrnehmen und empfinden.

Schaffen Sie sich ein Ambiente, das Ihnen guttut

Nutzen Sie dazu Kerzen, Düfte, Räucherungen, Spaziergänge, Meditationen, Musik und weitere Entspannungstechniken. Wenn kalte Winde ums Haus streichen und uns ein heißer Tee über dem flackernden Schein eines Teelichts wärmt, scheinen die Gestalten von Märchen und Mythen greifbar nah zu sein. Geister flirren durch die Luft, wenn Kerzenlicht den Raum warm erhellt, die Ecken aber dunkel bleiben.

Ihr persönlicher Rauhnächte-Begleiter

Erstmals finden Sie hier ein umfassendes, farbig bebildertes Praxisbuch mit Achtsamkeitsübungen, Meditationen, Naturerlebnissen und -impulsen, Affirmationen, Visualisierungen, Yoga-Übungen, Reflexionsfragen, Wahrsagungen, Räucherungen, Entspannungstechniken u. v. m. Jede Rauhnacht hat ihre eigene Thematik, so sind Loslassen, Abschied, Aufbruch, Neubeginn, Dankbarkeit und Selbsterkenntnisse wichtige Aspekte der Rauhnächte.

Ein magisches Buch für eine magische Zeit

Die Weise, wie wir die Rauhnächte verbringen, soll der Überlieferung nach das nächste Jahr bestimmen.

Mögen Sie auf Ihrer Reise durch die magischen Nächte viele lichtvolle Momente erleben.

Herzlichst Ihre Apothekerin Dr. Angela Fetzner

Bild 1 - © depositphotos - val_th
Wald im Winter bei Vollmond - Die besonderen Nächte erleben

Die Rauhnächte - Die magische Zeit zwischen den Welten

Es gibt Orte und Zeiten, die als Schwelle zu anderen Wirklichkeiten dienen: Quellen, Haine und Kraftplätze, Sonnenwenden, Voll- und Neumonde - und dann die besonderen Tage im Jahr, an denen die Grenze zur Anderswelt besonders leicht passierbar sind. Dazu zählen auch die zwölf dunkelsten Nächte des Jahres, die Rauhnächte zwischen Weihnachten und dem Dreikönigstag.

Rauhnächte - schon das Wort allein bringt eine mystische Saite in uns zum Klingen, lässt an ***Wotans Wilde Jagd*** denken, an die Geister und Dämonen der Unterwelt, die nach althergebrachter Vorstellung in diesen Nächten um die Höfe und durch die Fluren streifen. Genauso nehmen wir aber auch die Ruhe wahr, die innere Einkehr, die Stille und die Möglichkeit, Resümee zu ziehen.

Wir nehmen diese Zeit zwischen den Jahren jedoch auch durch den Filter unserer modernen Weltanschauung wahr. Und dieser Filter lässt uns meist nur einen schwachen Abglanz dessen erleben, was für unsere Ururgroßeltern und ihre Vorfahren eine jährlich wiederkehrende, überaus bedeutsame Erfahrung war.

Wer auf dem Land lebt und den Wechsel der Jahreszeiten hautnah miterlebt, wer den ewigen Zyklus von Aussaat, Ernte und Einkehr noch Tag für Tag vor Augen hat und selbst darin verwurzelt ist - der kann sich vielleicht noch vorstellen, wie sich unsere Vorfahren in dieser dunkelsten Zeit des Jahres um ihre Herdfeuer versammelten, Schutz suchend vor den dämonischen Kräften der Natur und voller Fragen und Hoffnungen, was das nächste Jahr wohl bringen möge. Wer dagegen das Leben in der Stadt gewohnt ist, wo alles im Überfluss vorhanden ist, elektrisches Licht die Nacht zum Tag macht und wo wir üblicherweise weder Kälte noch Unwetter fürchten müssen - der muss meist schon einige Fantasie aufbringen, um sich solche Lebensumstände früherer Zeiten noch vorstellen zu können.

Ist unsere heutige Welt entzaubert?

Kann man heute überhaupt noch anknüpfen an die kraftvollen, bewegenden Mythen der Vergangenheit? Sollte man es überhaupt tun - oder hieße das, längst überwundenen ***„Aberglauben"*** wiederzubeleben, der in der heutigen Welt sowieso keinen Platz hat?

Wer sich auf den Standpunkt stellt, die Vorstellungswelt früherer Generationen sei wissenschaftlich überholt und alle Winkel des Universums seien durch die Ratio der Wissenschaft sauber ausgeleuchtet, übersieht das Wesentliche: Mythen und Geschichten sowie rituelle Handlungen und Bräuche sind ein sehr lebendiger Teil unserer menschlichen Natur.

Sie sind ein Ausdruck von Verbundenheit, eine Rückverbindung mit einer größeren, beseelten Welt, die wir als wundervoll, überbordend, beglückend und lebensspendend und zugleich als abgründig, gefährlich, zermürbend und zerstörerisch erfahren.

Sie sind Teil eines niemals endenden Zwiegesprächs zwischen dem Menschen und der Natur, in die der Mensch eingebunden ist.

Ferner bieten Rituale und Bräuche Orientierung und helfen uns, einen sicheren, Erfolg und Glück verheißenden Kurs für unser Leben einzuschlagen. Und wir erkennen in solchen Ritualen, Bräuchen und Mythen auch das Staunen des Menschen über die schier unermesslichen Kräfte, die ihn umgeben, ferner seinen Respekt und seinen Wunsch, zu diesen Mythen eine sinnvolle Beziehung aufzunehmen. Denn der Mensch möchte seinen eigenen Platz im Wechselspiel der Mächte und Kräfte erkennen und einnehmen.

Und in jeder Epoche der Geschichte, in jedem Winkel der Erde, hat jede Kultur ihren eigenen Schatz an Mythen, Riten, Bräuchen und Märchen (siehe hierzu bspw. **Robert Campbell: „Die Masken Gottes"**).

Die moderne Wissenschaft hat unsere Fähigkeit, Erkenntnisse über unsere Welt zu gewinnen, beträchtlich erweitert. Doch sie ist nicht das einzige Auge, mit dem wir sehen können: Während unsere Wissenschaft in die äußere Welt blickt, blicken unsere Mythen in die innere Welt. Beides sind legitime Erkenntnisquellen. - Auch wenn es uns Heutigen deutlich schwerer fällt als früheren Generationen, von unserem inneren Wissen konstruktiven Gebrauch zu machen.

Die Bräuche rund um den Jahreswechsel und die Rauhnächte bieten gerade uns modernen Menschen viele wertvolle Möglichkeiten, unser Leben nachhaltiger und reicher zu gestalten und uns seelisch weiterzuentwickeln. In der Atempause zwischen den Jahren können wir einen Gang oder auch zwei herunterschalten, und endlich zur Ruhe kommen.

Wir können über das vergangene Jahr nachdenken, uns nach innen wenden und unsere eigenen Bedürfnisse wahrnehmen, anstatt in fortlaufender Hektik äußere Anforderungen zu erfüllen. Wir können die Früchte unserer Anstrengungen im zurückliegenden Jahr betrachten und uns über das freuen, was wir erreicht haben. Wir können uns wieder daran erinnern, wie wichtig und erfüllend es ist, sich mit Menschen zu umgeben, die man liebt, und mit ihnen Zeit zu verbringen. Wir können tiefe innere Ruhe erfahren und einen inneren Zufluchtsort erschaffen, den wir das ganze Jahr über nutzen können, wenn die Hektik uns wieder einmal über den Kopf wächst. Wir können vieles von dem loslassen, was uns nicht mehr nützt oder uns belastet. Wir können einen Blick durch den Türspalt werfen, um herauszufinden, was im neuen Jahr auf uns wartet.

Und das ist längst nicht alles. Bräuche und Mythen der Rauhnächte können uns zu unseren eigenen Tiefen führen. - Sie berühren einen Aspekt in uns, der uns ebenso wie unsere Vorfahren über die Größe und Schönheit der Schöpfung staunen lässt. Es ist der Teil von uns, der auch mit den beseelten Kräften der Natur Kommunikation und Kommunion - also Vereinigung - sucht.

Rauhnacht-Rituale und -Visionen können uns zu unseren inneren Kraftquellen führen, zu Weisheit und Erkenntnis. Diese Rituale helfen uns, den verloren gegangenen Kontakt zu den großen Kraftströmen der Natur wieder herzustellen, die sich in den Zyklen von Sonne und Mond, im sich ewig drehenden Rad der Jahreszeiten, entfalten. Diese Kraftströme sind es, die unser Leben tragen und uns wachsen und reifen lassen. In der großen Atempause des Jahres können wir ihnen ganz nahekommen und spüren, dass wir Teil eines größeren Ganzen sind, in dem unser Leben einen Sinn macht. Dies ist eine zutiefst spirituelle, bewusstseinserweiternde Erfahrung.

Echte Spiritualität kommt von innen - und solange wir unsere Schwelle zu den inneren Welten selbst offenhalten, kann unsere äußere Welt niemals ganz ohne Zauber sein, wie nüchtern, praktisch und materialistisch sie uns auch entgegentritt.

Die Rauhnächte im Wettstreit zwischen Heidentum und Christentum

Vor unserer heutigen, sich als aufgeklärt und wissenschaftlich bezeichnenden historischen Epoche, die mit dem ausgehenden 18. Jahrhundert begann, war unsere Kultur in Europa weitgehend durch christliche Glaubensvorstellungen geprägt. Nachdem das Christentum im antiken Rom von Kaiser Konstantin im frühen 4. Jahrhundert zur Staatsreligion erhoben wurde, breitete es sich im ganzen römischen Staatsgebiet aus - bis zu den Britischen Inseln. Auch nach dem Zusammenbruch des Römischen Reiches wurde die Missionierung der europäischen Landbevölkerung mit großer Energie vorangetrieben, teilweise auch mit brachialer Gewalt.

Mit der Missionierung war freilich nicht gleich alles Heidnische aus Europa verschwunden. So leicht gaben die keltisch- und germanisch stämmigen Völkerschaften ihre Kraftplätze, Bräuche und Traditionen nicht auf.

Und das ist sehr nachvollziehbar, denn bei ihrem kulturellen Erbe handelte es sich nicht nur um Folklore, sondern um eine tief verwurzelte, Identität stiftende Lebensweise - und letztlich auch um eine tiefsitzende Art und Weise, mit dem Göttlichen in Kontakt zu treten und schädliche übernatürliche Mächte abzuwehren.

Viele Neuchristen empfanden das ***Vaterunser*** als alleiniger Schutzschild höchst unzureichend - zumal, wenn sie unter Zwang getauft wurden und sie selbst einen reichen Bestand an eigenen magischen und religiösen Bräuchen vorweisen konnten. Klagen missionierender Priester über die Unbelehrbarkeit der Heiden trifft man in der frühmittelalterlichen Literatur immer wieder an. Besonders hartnäckig hielten sich die alten Bräuche auf dem Lande.

Die weiten Landstriche Europas ließen sich nicht wie die Städte kontrollieren, und nicht selten nahmen auch christliche Priester in abgelegenen Gemeinden sehr unorthodoxe Verhaltensweisen an, die nur schwer mit der kirchlichen Lehrmeinung in Einklang zu bringen waren.

So wurde das Wort ***„pagan"*** (**von lat. paganus - dem Dorf zugehörig**) zum Sammelbegriff für all die Unbelehrbaren, die an ihren Bräuchen, Riten, Traditionen und Geschichten unbeirrt festhielten.

Aus dem reichhaltigen religiösen Leben der Jahrtausende alten vorchristlichen europäischen Kulturen sind viele Bräuche - etwa Karnevals- und Fastnachtstraditionen, Jahresfeste und Sonnwendfeiern, landwirtschaftliche Rituale, Erntefeste und vieles mehr - in die christliche Kultur aufgenommen worden. Was man den Heiden partout nicht austreiben konnte, deutete man nun stattdessen einfach in christliche Bräuche um. So kommt es etwa, dass wir zur heidnischen Wintersonnenwende Weihnachten feiern.

Aus dem gleichen Grund baute man die christlichen Kirchen der Frühzeit bevorzugt auf heidnische Kultplätze, die zuerst rituell unterworfen wurden, bevor man sie dem neuen, allmächtigen Gott weihte.

An den Rauhnächten, an denen traditionell böse Geister Menschen und Vieh plagten und Wotans ***wilde*** *Jagd* in den Wolken und den Wäldern wütete, rückten nun christliche Priester den höllischen Heerscharen mit Weihwasserwedel, Gebeten und Räucherungen zu Leibe.

Vielerorts überlebten nichtsdestotrotz regionale Bräuche wie die Perchtenläufe, der Hausputz, das Verbot, Wäsche zu waschen oder aufzuhängen, das Räuchern, der Viehsegen und vieles mehr.

Bild 2 - © depositphotos - Raggedstone
Geister im Wald während der Rauhnächte

Mehr geduldet als wirklich erlaubt, überlebten auch die Orakeltraditionen die Christianisierung - immerhin ist es alle Jahre wieder wichtig, zu wissen, ob Vieh, Feldfrucht und Kinder gedeihen, ob man endlich seinen Liebsten oder seine Liebste findet oder ob Krankheit, Dürre und Tod die Gemeinschaft heimsuchen würden.

Viele dieser Bräuche überstanden die Jahrhunderte im christlichen Gewand bis heute - und auch derjenige, wer sie nicht mehr mit der Religionsausübung in Verbindung bringt, hält hier und da noch aus Gründen der Brauchtumspflege oder aus Heimatverbundenheit daran fest.

Dies mag für viele modern eingestellte Menschen ein wenig wie aus der Zeit gefallen sein.

Doch angesichts unserer schnelllebigen, materialistischen und globalisierten Konsumgesellschaft, die für ihre spirituellen Wurzeln und ihr historisches Herkommen wenig Interesse aufbringt, entdecken viele Menschen heute wieder, was schon für immer verloren schien: Ihre eigene, einheimische Tradition - deren Wurzeln weit hinter die Anfänge unserer schriftlichen Geschichtsschreibung zurückreichen.

Die Ursprünge der Rauhnächte-Traditionen liegen tief in den keltischen und germanischen Wäldern, in einer Zeit, in der Sonne und Mond für alle sichtbar die Ordnung des Jahreskreises webten und in der Haine und Bäche, Berge und Quellen mit ihrer eigenen, heiligen Stimme flüsterten, die man vernehmen konnte, wenn man wusste, wie man zu lauschen hatte.

Religion und Magie in einer sich verändernden Welt

Religiöse Kulthandlungen sind stets auch magische Handlungen, die etwas bewirken sollen. - Fruchtbarkeit der Felder oder der Frauen, das so schwer zu fassende Glück, Wohlstand und Gesundheit, Genesung, das Überleben einer Reise oder den Sieg in einer kriegerischen Auseinandersetzung.

Die Lebensumstände der Menschen, ihre Bedürfnisse, ihre Alltagserfahrungen und Sehnsüchte bilden den Boden für Gebete, Rituale, Traditionen, Orakel und Alltagszauber, was heute gern als ***Aberglauben*** abgetan wird. Denn mit dem Wechsel kultureller Standards verändern sich auch Magie und Religion. So erfordern neue Lebensformen auch neue Rituale.

Und der jährliche Fruchtzyklus und das Gedeihen der Viehherden, die mit der Sesshaftwerdung des Menschen entscheidend für sein Überleben wurden, formten eine neue Grundlage für die Beziehung mit dem Übernatürlichen - oder genauer gesagt mit dem Göttlichen, das der Natur innewohnt, sie formt und sich in ihr ausdrückt.

Der Jahreszyklus rückte nun stärker in den Blick der Menschen, denn von diesem waren sie abhängig. Schon die Wanderhorden der Altsteinzeit mussten die Zeichen erkennen, wann es Zeit wurde, das Sommerlager abzubrechen und in den sicheren Höhlen Schutz vor Kälte und Wetter zu suchen. Nun, wo die Lebenszyklen der Nahrungspflanzen und Nutztiere das Schwerkraftzentrum menschlichen Lebens bildeten, rückten die Zyklen des Mondes und der Sonne in den Mittelpunkt des Interesses. Und damit sind wir den Ursprüngen der Rauhnächte-Riten schon ein gewaltiges Stück nähergekommen.

Leben im Einklang mit Sonne und Mond

Das kollektive Gedächtnis der Menschheit bewahrte den Klimawandel in seinen Mythen auf. Nicht überall hatte die neue Warmzeit neues Leben hervorsprießen lassen. Auch Dürre, Nahrungsmangel, Hunger und Kargheit waren vielerorts die Folge. Die Sonne spendete nicht nur Leben, sie konnte es auch zerstören. Als sichtbare Gottheit, die jeden Abend starb, durch die Unterwelt reiste und jeden Morgen wieder auferstand, hielt sie Einzug in die Pantheons vieler Völker und inspirierte eine Fülle von Mythen. Nicht weniger göttlich war der Mond, der in stetigem Wechsel erschien und verschwand und dessen geheimnisvolle Kräfte sogar die Gezeiten der Meere bewirkten.

An vielen Orten der Welt begann man die Zyklen des Himmels zu studieren, um herauszufinden, wie sie das Leben auf der Erde beeinflussten und wie ihre göttliche Macht in Ritualen und Visionen angesprochen und nutzbar gemacht werden konnte. Neue, solar-lunar begründete Religionen entstanden.

Anstatt nur die Kräfte des Landes, der Erde, die Macht der Tiere, die Göttinnen der Fruchtbarkeit weiter anzubeten, blickte man nun auch in den Himmel und entdeckte dort neue Mythen.

Etwa um 4500 v. Chr. begannen Menschen in Westeuropa, riesige steinerne Monumente zu errichten. Steinkreise wie ***Stonehenge***, die man unter anderem auch in Irland, Schottland, Frankreich und Spanien findet, wurden zum Merkmal der sogenannten ***Megalith-Kultur*** (**griech. *mega*: groß, *lithos*: Stein**).

Bild 3 - © depositphotos - Kotenko
Wald im Winter bei Vollmond - Leben im Einklang mit Sonne & Mond

Bild 4 - © depositphotos - fyletto
Stonehenge in England

Die mit ungeheurem Aufwand neu errichteten Stätten waren Kultstätten und zugleich Forschungsstätten für die Wissenschaft. Sie lieferten unverrückbare Fixpunkte für die Erforschung des Himmels. Man konnte nun akribisch festhalten, an welchem Punkt des Horizonts die Sonne aufging und wie ihr Aufgangspunkt im Jahreslauf stetig wanderte.

So konnte man die Sonnenwenden und Tagundnachtgleichen als markante Punkte des Jahres präzise bestimmen. Man konnte den Sonnenlauf mit dem Fruchtzyklus in Verbindung bringen und mit bestimmten wiederkehrenden Wetterphänomenen.

Stonehenge: ist ein vor über 4000 Jahren in der Jungsteinzeit errichtetes und mindestens bis in die Bronzezeit genutztes Bauwerk in der Nähe von Amesbury, England.

Man konnte ferner den optimalen Zeitpunkt für Aussaat und Ernte festlegen. Kalender entstanden, wobei man bald entdeckte, dass Sonnen- und Mondzyklus nicht exakt übereinstimmten. Andernorts - etwa in Mesopotamien und in den frühen südamerikanischen Kulturen - baute man nahezu zeitgleich pyramidenartige Großbauten, um den Himmel besser beobachten zu können, und hierbei fand man überall das Gleiche heraus: Dreizehn Mondumläufe, die jeweils siebenundzwanzig Tage und acht Stunden dauerten, bildeten ein Mondjahr von 355 Tagen. Die Sonne aber vollendete ihren Umlauf erst nach 365 Tagen. In vielen frühen Kalendern, die auf dem Mond basieren, findet man deshalb um den Jahreswechsel elf oder zwölf Schalttage - die Grundlage der späteren Rauhnächte.

Wir können also mit einiger Berechtigung sagen: Der Ursprung der Rauhnächte-Rituale liegt wahrscheinlich fünf- bis sechstausend Jahre in der Vergangenheit. Die Rauhnächte gehören - auch wenn sie später zeitlich verschoben und neuen religiösen Ideen angepasst wurden - zu einem sehr alten kollektiven Erbe der Menschheit.

Neben dem priesterlichen Wissen entstand ein riesiger Schatz an Bräuchen, Ritualen, Liedern, Sprüchen und Kulturtechniken, die das Böse abwehren und das Gute anlocken sollten. Die neuen solaren und lunaren Gottheiten schafften es indes nie, die Mächte der Natur und die vielen Wesenheiten, die in ihr Platz fanden, vollkommen zu verdrängen: Eine Fülle überlieferten Wissens über Nachtmahre und Waldmännchen, Trolle und Kobolde, Irrlichter, Elfen und andere Wesen, die Segen oder aber Zerstörung und Zwietracht bringen konnten, blieb erhalten. Diese Fülle von Wissen vereinte sich ganz natürlich mit den Mythen der Götter des Himmels, der Meere und der Erde.

Dämonen und böse Geister der Rauhnächte

Nun ist gerade an den Rauhnächten nicht alles, was einem begegnet, freundlich gesonnen. Gerade die Nacht war schon immer Heimstatt unheimlicher und gefährlicher Wesen, manche aus Fleisch und Blut, andere spiritueller Natur. Es gab bis weit ins 19. Jahrhundert hinein wenig Möglichkeiten, die Dunkelheit der Nacht zu verdrängen: Der Mond, ein Talg- oder Öllicht, ein Kienspan, ein Herdfeuer - mehr hatten die meisten Landbewohner nicht, um der Dunkelheit zu entkommen. Kerzen waren eine luxuriöse Angelegenheit, und an Gas- oder elektrisches Licht dachte noch niemand.

Und in der Dunkelheit tummelten sich auch die dunklen Mächte, schlichen sich unsichtbar an die Herdfeuer der Menschen heran, um dem Vieh oder den Schlafenden Schaden zuzufügen und ihnen Kraft, Fruchtbarkeit und Gesundheit zu rauben - sei es aus Neid, sei es, weil Menschen sie verärgert oder sich frevelhaft verhalten hatten oder einfach, weil es in der Natur dieser Gestalten lag.

Sie verdarben auch die lebenswichtigen Vorräte, machten Beile, Sägen und Pflugscharen stumpf, verknoteten das Garn und ver-darben den Flachs. Kurzum, sie schadeten den Menschen, wo sie nur konnten, brachten Krankheit, Unglück und Tod. Andererseits gab es auch eine Fülle von Wesenheiten, die Heim und Herd schützten, großes Glück, reich bestellte Äcker und riesige Schätze bringen konnten, wenn man wusste, wie man mit ihnen umzugehen hatte.

Die vorchristliche Zeit kennt eine überbordende Fülle solcher Lebewesen, die in unseren Märchen und Überlieferungen teilweise überlebt haben. Wer mehr darüber wissen will, kann zum Beispiel die ***„Deutsche Mythologie“*** von **Jacob und Wilhelm Grimm** heranziehen, weiter **Hanns Bächtold Stäublis** ***„Handwörterbuch des deutschen Aberglaubens“*** oder die wundervolle, aber leider nur englischsprachig erhältliche ***„Encyclopedia of Fairies“*** von **Katharine Mary Briggs**.

Im Christentum nahm der Kampf gegen die destruktiven Einflüsse allerdings noch dramatischere Züge an: Schad- und Foppgeister, Nachtmahre, spirituelle Parasiten und auch potenziell freundliche Naturwesen wurden samt und sonders dem Lager des Teufels zugeschlagen. Was vorher ein gefährlicher, aber mehr oder weniger kontrollierbarer und berechenbarer Bestandteil der Schöpfung gewesen war, wurde nun von Satan persönlich befehligt. Wotans wilde Jagd, die Schaden brachte, aber auch das Land erneuerte, galoppierte nun durch die offenstehenden Pforten der Hölle in die Welt der Menschen.

Erst die Geburt Christi bringt wieder das Licht in die Welt: hier konnte man an die Symbolik der Wintersonnenwende anknüpfen, wenn die Tage allmählich wieder länger werden.

Bild 5 - © depositphotos - lighthouse
Dämonen im Wald

Hilfreiche Ahnengeister und Höllenspuk an den Rauhnächten

Mit Totengeistern umzugehen, war für viele vorchristliche Religionen selbstverständlich. Und längst nicht immer wurden die Geister als gruselige Nachtgespenster gesehen, ganz im Gegenteil: Wer in die andere Welt ging, konnte dort ja etwas Gutes für die Nachfahren, die Sippe, den Stamm bewirken. Auch Priester und Priesterinnen konnten von der anderen Seite aus den Einstrom des göttlichen Segens fördern. Ebenso wurden mächtige Kriegerinnen und Krieger als schlafende Wächter über das Land in prunkvollen Gräbern bestattet. Und ein Band der Liebe zwischen Eheleuten oder Eltern und Kindern konnte auch über den Tod hinaus weiter bestehen.

Wiedergänger, die den Menschen ans Leben wollten, waren eher die Ausnahme - meist rief man die Ahnen an, um Segen und Hilfe zu erbitten, und auch diese Tradition ist mit der Christianisierung nicht ganz untergegangen. Im Katholizismus und im orthodoxen Christentum sind es vor allem Heilige, an die sich die Gebete der Gläubigen richten. Doch auch im Totengedenken ist eine Spur der alten Bräuche um die Ahnen, die vorangegangen sind, erhalten geblieben.

Dabei geht es nicht nur um die eigenen verstorbenen Verwandten, sondern auch um spirituelle Wächter, die über ganze Abstammungslinien wachen und hilfreich eingreifen können - mit Führung, Warnungen oder auch mit dem Herbeiführen guter Gelegenheiten. Bisweilen sind es auch die Ahnen, die sich in Orakeln mitteilen, die an den Rauhnächten angerufen werden.

Uns modernen Menschen fällt es indes oft schwer, anders als mit Grauen oder Unglauben zu reagieren, wenn wir Phänomene erleben, die wir als Spuk einordnen. Die Toten haben, so scheint es, den Lebenden nichts mehr zu sagen. Wenn in den Rauhnächten das Böse unterwegs ist, das man mit Räucherungen und Segen, mit Gebeten, Mummenschanz und Tänzen, mit Böllern, Kuhglocken und Geschrei wieder in seine höllischen Gefilde zurücktreiben muss, gehen die leisen Stimmen der freundlich gesonnenen Ahnen in diesem Getöse leicht unter.

Eine Zeit, in der der Vorhang zwischen dem Hier und dem Drüben so dünn ist, bietet sich jedoch an, um auch ein wenig Zwiesprache zu halten mit denen, die wir verloren haben. Wir können uns an gemeinsame Erlebnisse erinnern, Liebe und Freundschaft noch einmal teilen, um dann loszulassen und wieder für ein Jahr den Weg mit den Lebenden fortzusetzen. Den Tod im Leben zu akzeptieren und den verstorbenen Familienmitgliedern und Vorfahren einen Platz darin einzuräumen, kann mitunter jedoch in vielfacher Hinsicht heilsam sein.

Bild 6 - © depositphotos - lighthouse
Die Geister der Toten

Die Sehnsucht nach Identität und Sinnhaftigkeit

Mehr denn je sehnen sich die Menschen danach, ihre Wurzeln und ihr wahres Selbst zu finden und wieder im Einklang mit der Natur und allen Aspekten des Kosmos zu leben. Gerade in der heutigen Zeit der stetigen Reizüberflutung und eines immer schneller werdenden Tempos, wächst die Sehnsucht nach Entschleunigung, gleichermaßen aber auch nach Halt und Zuversicht. Das Bedürfnis, Traditionen und althergebrachte Bräuche wieder aufleben zu lassen, wächst kontinuierlich. Zugleich verspüren immer mehr Menschen eine Sehnsucht nach der Natur, nach Einfachheit und Sinnhaftigkeit. Aller technischen Errungenschaften zum Trotz bedarf der Mensch mehr denn je Zeiten des Rückzugs von der digitalisierten und automatisierten Welt.

Insbesondere die Zeit zwischen den Jahren eignet sich als Möglichkeit und als Aufruf zur Einkehr, zum Innehalten, zur Innenschau und zur Besinnung. Die Zeit der Stille ermöglicht es uns, zur Ruhe zu kommen, neue Kraft zu tanken, sowie das Vergangene des alten Jahres zu reflektieren und die Chancen des neuen Jahres zu begrüßen.

Altes abschließen, Neues beginnen - dies sind die vorrangigen Motive der Rauhnächte. Die Kraft für den Abschied vom Alten sowie für Erneuerung, Wandel und Aufbruch schöpfen wir aus der Ruhe, der Stille und nicht zuletzt auch aus der Dunkelheit.

Altes und Belastendes wird losgelassen, um Raum für Neues zu schaffen. Die Regeneration und Erneuerung in der Natur sind eine Chance für den Menschen, sich dieser Erneuerung im Einklang mit dem Rhythmus des Lebens anzuschließen.

Mitten im Komfort von geheizten Wohnräumen und geschützt vor widrigem Wetter, mit allen erdenklichen Annehmlichkeiten und ausreichend Nahrung versehen, sehnen wir uns mehr denn je nach Einfachheit, nach Beständigkeit, nach Unverfälschtheit, nach Erdung, ja auch nach dem rettenden Hafen.

Nach der Hektik des Jahres, das geprägt ist durch das Streben nach beruflichem Erfolg und Anerkennung, weiter durch immer umfangreichere To-do-Listen und das kontinuierliche Abarbeiten von beruflichen und privaten Projekten, dürsten wir nun nach Stille und nach einer Auszeit für die überreizte Seele und für den ständig beanspruchten Geist.

Wir kommen in den Rauhnächten auch intuitiv zur Erkenntnis, dass Zufriedenheit, Erfüllung und Heil-Sein nicht im Außen, sondern nur in und bei uns selbst erreicht werden können. In der Zeit zwischen den Jahren wird uns oft bewusst, wie weit wir uns von der Natur, dem Leben und auch von unserem eigenen Selbst entfernt haben. Die Entfremdung von uns selbst, die eigene Entwurzelung und unser Unheil-Sein wird uns oft in der Zeit, in der wir uns auf uns selbst besinnen, schmerzlich deutlich.

Der viel gepriesene Intellekt, der Glaube an die Wissenschaft und an die Ratio, stoßen an ihre Grenzen, der eigentliche Lebenssinn gerät in Vergessenheit, was zwangsläufig zu Identifikationsproblemen führt.

Die Rauhnächte bieten im Gegensatz dazu einen Zugang in eine Welt der Magie, der Spiritualität und des Geheimnisvollen. Dunkelheit, Stille, nicht Vorhersehbares, das Streben nach Natur und Natürlichkeit bestimmen diese Tage, die jenseits des Trubels und der Hektik des Alltags liegen.

Nun liegt es an uns, uns dem Zauber der Rauhnächte unvoreingenommen zu öffnen, an dessen Ende es zu einem wirklichen Neubeginn kommen kann.

Zeit der Stille

Wir erleben jedes Jahr erneut, wie sich eine unsichtbare Hand ganz allmählich über die Landschaft zu senken scheint, die alle Geräusche dämpft, und wie alles Vertraute und Lebendige nach und nach fremd und karg und abweisend erscheint. Das Leben scheint aus der Welt zu weichen, und für viele Lebewesen bedeutet der Wintereinbruch gleichermaßen den Tod.

Der Schönheit und Majestät des Winters tut dies keinen Abbruch, im Gegenteil. Wenn Reif und Frost Bäume, Weiden und Wiesen glitzern lassen, wenn kristallklare Eiszapfen von den Hausdächern und den Ästen der Bäume hängen, dann legt die Natur ihren Winterschmuck an, nicht minder prächtig als die im Sonnenlicht leuchtenden Blätter und Blüten in der Jugend des Jahres. Die Erdgöttin wandelt sich, sie trägt ihr Frostkleid. Ihre zauberische Schönheit ist jedoch nicht ohne Grimm. Ihre Stimme gewinnt einen ganz eigenen, mahnenden Klang im Rascheln der trockenen, gefrorenen Blätter, die wir vor kurzer Zeit noch so kraftstrotzend und lebendig gesehen haben.

Ihre Stimme zeigt sich auch im unbarmherzigen Heulen des eisigen Windes, der uns daran erinnert, wie verletzlich wir und unsere Werke sind und wie sehr wir uns die Naturkräfte gewogen halten müssen. Sie, die Erdgöttin, ist die alte weise Frau, die uns leiten und lehren kann.

Nerthus, die Erdmutter, erinnert uns an die Vergänglichkeit von allem, was unter Sonne und Mond seine Bahnen zieht - und sie erinnert uns daran, dass sie nicht nur die Gebärerin des Frühlings, sondern auch die Totengöttin ***Nehalennia*** ist, die die Tiefen der Unterwelt regiert.

Nerthus: Nordisch-germanische Erd- und Fruchtbarkeitsgöttin. Göttliche Mutter der Vanen, der mythologischen Gottheiten des vorgermanischen Europas. Ihr Name bedeutet ***„Erde“***.

Nehalennia: ist eine germanische Göttin. Sie gilt als Erdgöttin, als Fruchtbarkeitsgöttin, aber auch als Todesgöttin, der häufig ein Hund zur Seite steht. länger werden.

Bild 7 - © depositphotos - lko-images
Die Zeit der Stille

Hilfreiche Ahnengeister und Höllenspuk an den Rauhnächten

Und so nehmen auch unsere Lieder und Geschichten im Winter einen dunkleren Klang an, und der Lauf der Welt scheint sich immer mehr, gleichsam bis zum Stillstand, zu verlangsamen.

Eines der ältesten Symbole der Menschheit, das uns schon auf den Keramiken der Jungsteinzeit begegnet, ist die Spirale. Sie ist eine Abstraktion, der Natur abgeschaut - sie findet sich an eingerollten Farnen, als Grundmuster der Fruchtstände vieler Pflanzen, in Perfektion im Inneren des Schneckenhauses verborgen.

Folgt der Blick einer spiralförmigen Linie, kann er entweder von außen nach innen wandern, mehr und mehr auf die Mitte fokussierend, oder dort beginnen und nach und nach immer mehr nach außen fortschreiten, auf einer sich ausdehnenden Bahn.

Möglicherweise erkannten bereits unsere frühen Vorfahren darin eine Darstellung der entgegengesetzten schöpferischen Dynamiken: Die Expansion des Frühlings, in dem die Leben spendenden Kräfte sich nach außen in die Welt verströmen - und die allmähliche Stagnation und Konzentration der Energien zum Ende des Erntejahres und im Winter, wenn das Leben sich in sich selbst zurückzieht.

Noch deutlicher drückt dieses Phänomen die Doppelspirale aus, die in der Mitte beginnt, sich nach und nach entfaltet bis zu einem Maximum, dann vollkommen harmonisch und bruchlos in eine Gegenbewegung übergeht und sich schließlich wieder zu einem Punkt zusammenzieht.

Unzählige Male erscheint die Doppelspirale auf Schmuckstücken der Bronzezeit. In der Triskele, der Dreifachspirale, die man so häufig in der keltischen und germanischen Kunst antrifft, verbinden sich drei Spiralen zu einem unendlichen Zyklus von Ausdehnung und Zusammenziehung, was das fortwährende Ein- und Ausatmen des Universums. widerspiegelt.

Es gibt viele Möglichkeiten, an dieser inneren Dynamik teilzuhaben. Instinktiv spüren wir in der Zeit des Jahreswechsels, dass es nun Zeit ist, Altes und Überflüssiges loszulassen, Unerledigtes abzuschließen und in und mit uns selbst reinen Tisch zu machen, um bereit für die Zukunft zu sein.

Gleichzeitig wächst in uns der Wunsch, an der Schwelle des neuen Jahres einen Blick hinüber ins neue Jahr zu wagen, um zu erfahren, was uns dort erwartet. Dies motiviert uns, Orakel zu befragen - eine durchaus zweischneidige Angelegenheit, wie unsere Vorfahren wussten.

Zwar konnte man in bestimmten Nächten an besonderen Orten den Liebsten oder die Liebste sehen, die einem bestimmt waren. Doch wenn man sie ansprach, konnte aus der Hochzeit auch eine Beerdigung werden.

In anderen Nächten konnte man das Vieh im Stall mit menschlichen Worten über Dinge sprechen hören, welche das nächste Jahr mit sich bringen würde. Doch man musste ganz still sein, sonst verflog der Zauber - oder im schlimmsten Fall kehrte sich das versprochene Glück in Unglück.

Das Still-Sein in der Begegnung mit dem Magischen spielt in unzähligen Volkssagen und Märchen eine Rolle. Nennt man den hilfreichen Hausgeist beim Namen, so verschwindet er für immer, und die Hausarbeit, die einem vorher so wunderbar leicht von der Hand ging, wird wieder Mühsal und Plackerei.

Spricht der ungebetene Beobachter einer Feenhochzeit in seinem Erstaunen nur ein einziges Wort, so verschwindet die ganze Hochzeitsgesellschaft im Nu, als sei sie niemals da gewesen.

Bild 8 - © depositphotos - Svetography
Fee im Winterwald

Das Wort ***Stille*** besitzt magische Qualitäten, und das falsche Wort zur falschen Zeit kann das feine Gespinst der Kräfte zerstören, die am Werk sind - ebenso wie der richtige Segens- oder Abwehrspruch die feindlich gesonnenen Alpe und Truden in die Flucht schlägt. Unzählige Sagen und Märchen berichten von Zauberwesen, die magische Geschenke bringen können. Doch stets gibt es ein Tabu, das nicht überschritten werden darf - ansonsten verwandelt sich aller magisch erworbene Reichtum wieder in wertlose Kohlen, Pech und totes Holz.

Die Bedeutung von Einkehr und Stille in den Rauhnächten

Die nach innen gerichtete Spirale führt uns zu unserer eigenen Mitte. In der expansiven Phase des Jahres stürmen wir voller Tatendrang in die Welt, bereit, uns für unsere Pläne und Ziele mit aller Kraft einzusetzen. Wir verströmen uns in die Welt. Unsere Kontakte und Aufgaben, die Organisation unseres Alltags, all die großen und kleinen Probleme und Projekte, Sorgen und Freuden beschäftigen uns so sehr, dass uns kaum Zeit für den Blick nach innen bleibt - und dieser Zustand hält fast das ganze Jahr über an.

Dennoch spüren wir, wenn die Energien des Jahres umschlagen. Wer kennt nicht den Anflug von Melancholie, der den einsetzenden Herbst begleitet, das Bedürfnis, zur Ruhe zu kommen, wenn die Tage kürzer werden, über verschiedene Dinge nachzudenken und mehr Zeit für sich selbst zu haben? Unser Alltag bleibt jedoch trotzdem hektisch und anstrengend.

Wir sind eine Burnout-Kultur geworden. Es gibt kaum einen Beruf, in dem die Leistungsanforderungen in den letzten zehn Jahren nicht stetig gewachsen sind. Fernsehen und Internet tun ein Übriges, um unsere Nerven in einem Zustand dauerhafter Reizüberflutung zu halten.

Das Gedankenkarussell kreist und kreist, selbst wenn wir schon mit geschlossenen Augen im Bett liegen. Kein Wunder, wenn wir uns am Ende des Jahres fühlen, als hätten wir einen Achttausender bestiegen.

Während wir in den letzten Wochen des Jahres mehr und mehr auf die Mitte der Spirale zugehen, können wir uns für das Geschenk der Stille öffnen, das die Rauhnächte uns anbieten. Wenn Menschenwelt und Anderswelt, Innen und Außen, näher rücken und die Grenzen zwischen ihnen verschwimmen, können wir hineinhorchen in uns selbst, wo wir die Pforte zur Anderswelt finden.

Und wenn es uns gelingt, unsere ewig kreisenden, ewig beschäftigten Gedanken zur Ruhe zu bringen und ganz still zu werden - wer weiß, welche magischen Gaben wir dann erhalten, die uns besser über die tiefen Wasser und Stromschnellen des nächsten Jahres bringen.

Wirklich zur Ruhe zu kommen, fällt vielen Menschen erstaunlich schwer. Und nicht wenige verspüren ein ausgesprochenes Unbehagen, wenn sie nicht irgendetwas tun, nicht beschäftigt sind. Viele von uns haben komplett verlernt, wie man Körper und Seele herunterfährt und in das stille Meer der Ruhe eintaucht, das uns Regeneration und Gesundheit verschafft.

„Der Teufel hat Arbeit für müßige Hände“ - das ist ein Leitsatz, der vielen Generationen in Fleisch und Blut übergegangen ist. Und noch immer gilt derjenige als faul, der sich die Zeit nimmt, einfach einmal gar nichts zu tun. Dabei haben Medizin und Psychologie uns schon längst aufgezeigt, wie überlebenswichtig Ruhe- und Erholungszeiten sind. Unbestritten ist: Wer nicht lernt, still, unproduktiv und passiv zu sein, hat kaum eine Chance, die eigenen inneren Schätze zu heben - denn das überlaute Selbstgespräch unserer Gedanken übertönt alle heilkräftigen Botschaften und Impulse, die aus unserem eigenen Inneren kommen.

Während der Rauhnächte können wir still werden und in uns hineinspüren, um herauszufinden, wer wir wirklich sind, was wir tatsächlich wollen und was wir uns für die Zukunft wünschen. Wenn es uns gelingt, unsere Gedanken zur Ruhe zu bringen, können wir wieder die feine innere Stimme in uns vernehmen, die uns Führung anbietet. Der Blick in diesen magischen Spiegel kann uns nicht nur zeigen, wie wir uns verhalten und wonach wir wirklich streben wollen, sondern auch, wie bestimmte Themen sich weiter entwickeln könnten und zu welchem Ergebnis sie führen können - vorausgesetzt, wir sind ganz still und lernen, nach innen zu lauschen.

Um still werden zu können, müssen wir uns freilich nicht komplett in die eigenen vier Wände zurückziehen und uns dort verschanzen. Spaziergänge in der winterlichen Natur können uns in Kontakt mit dem Kosmos bringen, von dem wir ein Teil sind. Wenn wir mit offenen Sinnen durch Wälder, Parks oder Felder streifen oder unseren winterlichen Garten betrachten, erleben wir das Sich-Zurückziehen der Naturkräfte in aller Klarheit. Die Stille und die Kargheit der winterlichen Natur - die ganz im Gegensatz zu den üppigen Farben, Düften und Geräuschen des Sommers steht - kann uns helfen, mit der eigenen Stille in uns selbst in Kontakt zu kommen.

Die Fähigkeit, still zu werden, kann uns das ganze Jahr über hilfreich sein. Sie ist ein Grundpfeiler körperlicher und seelischer Erholung und hilft, Gelassenheit und Resilienz zu entwickeln. Wer zu Ruhe und Entspannung finden kann, kann Stress abbauen, körperlichen und seelischen Erkrankungen vorbeugen und fördert infolgedessen das Wohlbefinden auf vielfältige Weise. Auch wenn wir uns nicht nur in den Rauhnächten um Stille bemühen sollten, sind diese doch die ideale Zeit, um das Still-Sein wieder zu erlernen - im Einklang mit den Kräften der Schöpfung, die auf das Zentrum der Spirale zustreben.

Zeit des Übergangs - Altes loslassen, Neues beginnen

Zwischen Herbsttagundnachtgleiche und Wintersonnenwende, wenn die Nacht den Tag mehr und mehr verdrängt, werden die Arbeiten des Jahres zu Ende gebracht. Am Tag der Wintersonnenwende sind die Kräfte des Lichts nahezu geschwunden. Doch von nun an gilt das Versprechen, dass das Licht wieder erstarkt und schließlich triumphierend in die Welt zurückkehrt. Das Leben wird sich neu entfalten, neue Aufgaben, Überraschungen, Gaben und Herausforderungen für uns bereithalten. Jeder der zwölf Tage zwischen Weihnachten und dem Dreikönigstag steht dabei für einen Monat des nächsten Jahres.

Die Sonnenreise des Jahreskreises bot in der Anschauung der keltischen und germanischen Völker Anknüpfungspunkte für die Lichtsymbolik des Christentums. Christus, das Licht der Welt, erneuert mit seinem Tod und seiner Auferstehung die Menschheit, so wie die wieder erstarkende Sonne Jahr für Jahr das Leben auf der Welt erneuert. Die Ähnlichkeiten dieser mythischen Erzählungen erleichterten den Menschen der vorchristlichen Zeit, die neue, fremde Religion zu akzeptieren.

Für die Bewohner des europäischen Nordens und Westens, die mit dem Land und dem Jahreszyklus lebten und ein raueres Klima gewohnt waren als die Mittelmeervölker, waren Herbst und Winter entbehrungsreiche Monate. Nicht immer waren die Ernten gut und das Vieh fruchtbar. Krankheit, Kälte und Hunger konnten schnell dazu führen, dass es Tote zu begraben gab.

Für alte, kranke, sehr junge und geschwächte Menschen war der Winter eine gefährliche Zeit, die es zu überstehen galt. Uns Heutigen fällt es schwer, sich vorzustellen, mit welcher Hoffnung und Sehnsucht diese Menschen auf den Frühling und das neue Wachstum warteten, um das alte Jahr mit seiner Mühsal und seinen Verlusten hinter sich zu lassen und in einen neuen Zyklus des Lebens einzutreten.

Dem Jahreswechsel kam dabei besondere Bedeutung zu. Mit großem Getöse wurden die Geister, die einen im vergangenen Jahr plagten, zum Teufel gejagt, und wenn es ein gutes Jahr gewesen war, konnte man Tod und Teufel zum Trotz im Überfluss feiern und zuversichtlich ins nächste Jahr blicken.

Die psychologische Zäsur des Jahreswechsels spüren die meisten Menschen heute noch. Wenn ein Jahr zu Ende geht, haben wir den Wunsch, auf das zurückzublicken, was wir erreicht haben, und den Grundstein für das Kommende zu legen - nicht anders als die Menschen früherer Generationen. Wir machen Pläne und sammeln Ideen, überlegen uns, wann und wie wir unsere Vorhaben ins Werk setzen möchten und fragen uns, was wir endgültig hinter uns lassen können, um das neue Jahr mit frischen Kräften anzugehen und uns nicht zu verzetteln.

Altes loslassen

Das Wissen um die speziellen Qualitäten der Zeit an jedem Punkt des Jahres ist heutzutage für die meisten Menschen bedeutungslos geworden. Dass man das Richtige zur richtigen Zeit tun musste, war für die Menschen der Vormoderne jedoch selbstverständlich. Es gab eine Zeit, zu säen und eine Zeit, zu ernten, es gab diverse Feste, welche die Wendepunkte des Jahresrades markierten - und es gab eine Fülle von Regeln, um die spezielle Qualität der Zeit zu nutzen. Wenn die Arbeit des Jahres getan war, wurde Unbrauchbares aussortiert und verbrannt oder vergraben, Abgenutztes repariert oder ersetzt.

Und wenn in den letzten Tagen des Jahres Anderswelt und Totenreich mit der Welt der Lebenden nahe zusammenrückten, war auch die Zeit der Ahnenfeste und Totenbräuche gekommen - einerseits, um der geliebten Toten zu gedenken und ihre Taten zu feiern, andererseits, um sicherzustellen, dass sie dort blieben, wo sie hingehörten, ohne die Lebenden zu behelligen.

Wer Altes nicht loslassen kann, hat eine Menge Ballast zu tragen. Das betrifft nicht nur die materiellen Dinge, die wir im Laufe des Jahres ansammeln oder die wir nicht mehr benutzen.

Auch belastende Emotionen und Erinnerungen, gescheiterte Pläne, überkommene Routinen und Gewohnheiten, destruktive Verhaltensweisen oder Beziehungen, die uns schaden, können zu Ballast werden. Jeder, der schon einmal gründlich entrümpelt hat, weiß, dass dies nicht nur in Garage, Keller und Speicher, sondern auch in der Seele für frischen Wind sorgt. Man fühlt sich wie von einem unsichtbaren Gewicht befreit. Denn wenn wir uns auch mental und emotional von Überflüssigem und Altem lösen, gewinnen wir mehr Tatkraft und Energiereserven für die Themen, die uns weiterbringen.

Die Rauhnächte sind insofern auch eine gute Zeit, um sich einige Fragen zu stellen

- Was hat sich im Laufe des letzten Jahres als unbrauchbar, als überflüssig herausgestellt?
- Was ist im letzten Jahr unwiederbringlich zerbrochen?
- Was ist hinter meinen Erwartungen zurückgeblieben?
- Was hat sich ganz anders entwickelt, als ich dachte? Muss ich insofern neue Bewertungen anstellen, meinen Kurs korrigieren oder vielleicht etwas ganz anderes ausprobieren?
- Was hat mich im letzten Jahr daran gehindert, mich wohlzufühlen, glücklich zu sein, meine Ziele zu erreichen oder mein Bestes zu geben?
- Was hat mir im letzten Jahr geschadet?
- Welche Pläne und Ideen sollte ich besser aufgeben?
- Welche Menschen sollte ich aus meinem Leben verbannen - wer hat mir nicht gutgetan, war mir nicht gut gesonnen? Welche Menschen entsprechen nicht meinen moralischen Ansprüchen?
- Was oder wer hat mich im letzten Jahr viel Energie gekostet, mir Nerven geraubt?

Um solchen und anderen Fragen nachzugehen, die Sie für sich beantworten können, sollten Sie sich ein Rauhnächte-Tagebuch anlegen. Neben Fragen und entsprechenden Antworten, ist ein solches Tagebuch auch geeignet, um sich verschiedene Notizen zu machen und Stichpunkte und Ideen zu sammeln. Das Tagebuch kann Ihnen im ganzen folgenden Jahr als Orientierungshilfe dienen und Sie daran erinnern, was für Sie nicht funktioniert hat und was Sie hinter sich lassen wollten.

Loslassen durch die Elemente

Wenn Sie etwas entdeckt haben, das Sie ein für alle Mal loswerden möchten, können Sie dazu die vier Elemente nutzen. Feuer und Wasser klären und reinigen, Wasser und Luft tragen Überflüssiges fort, Wasser und Erde lösen Unerwünschtes in seine Bestandteile auf und neutralisieren es.

Feuer

Stellen Sie eine kleine Keramik- oder Metallschale auf einen feuerfesten Untergrund, zum Beispiel in eine Schüssel mit Sand oder auf einen Schieferuntersetzer.

Schreiben Sie das, was Sie loswerden möchten, auf einen Zettel und stellen Sie sich vor, wie es beim Aufschreiben mit der Tinte ins Papier hinein gesogen wird. Verbrennen Sie den Zettel.

Beobachten Sie, wie das Papier sich in Rauch auflöst und verweht - und spüren Sie die Erleichterung, wenn es zu Asche zerfallen ist.

Wichtig: Achten Sie auf ausreichend Abstand zu allen brennbaren Materialien.

Wasser

Nehmen Sie ein halb volles Glas oder Schüsselchen mit Wasser in beide Hände. Stellen Sie sich das, was Sie loswerden wollen, intensiv vor. Welche Gefühle löst das in Ihnen aus? Lassen Sie die Gefühle zu, spüren Sie hinein. Dann lassen Sie diese mit dem Ausatmen durch Ihre Hände ins Wasser hineinfließen - ganz mühelos. Nehmen Sie sich einige Atemzüge Zeit dafür. Spüren Sie die Erleichterung, wenn das Gefühl Sie vollständig verlassen hat. Gießen Sie das Wasser in den Ausguss und sehen Sie zu, wie es für immer verschwindet und mitnimmt, was Sie loswerden möchten.

Bild 9 - © depositphotos - Dr.PAS
Die 4 Elemente

Luft

Geben Sie einen Teelöffel Mehl in eine leere Streichholzschachtel. Verschließen Sie die Schachtel, nehmen Sie diese zwischen beide Hände und denken Sie dabei intensiv an das, was Sie loswerden möchten. Beobachten Sie dabei Ihre Gefühle - wie fühlen Sie sich, solange es noch da ist?

Lassen Sie dieses Gefühl durch Ihre Hände in das Mehl hineinfließen, bis das Mehl es vollständig aufgenommen hat. Fühlen Sie die Erleichterung, dass Sie es losgeworden sind.

Nehmen Sie dann die Schachtel mit auf einen Spaziergang in die freie Natur oder in Ihren Garten, am besten an einem windigen Tag. Wenn Sie bereit sind, öffnen Sie die Schachtel und werfen das Mehl in den Wind. Sehen Sie zu, wie es wegfliegt, um niemals zurückzukommen.

Wichtig: Öffnen Sie die Schachtel nicht, bevor Sie das Mehl freilassen - und pusten Sie nicht in die Schachtel, da sonst das Mehl in Ihrem Gesicht landen könnte.

Erde

Nehmen Sie einen beliebigen Stein von draußen mit nach Hause. Waschen Sie ihn gründlich unter kaltem Wasser ab, nehmen Sie ihn in beide Hände und denken intensiv an das, was Sie loswerden wollen. Nehmen Sie wieder Ihre Gefühle wahr und lassen Sie diese vollständig in den Stein fließen. Spüren Sie die Erleichterung, dass Sie nie wieder davon behelligt werden. Vergraben Sie den Stein an einem Ort, an dem Sie normalerweise nicht vorbeigehen, oder werfen Sie ihn in ein fließendes Gewässer.

Wichtig: Lassen Sie den mit Ihren negativen Emotionen aufgeladenen Stein nicht lange in Ihrer Wohnung herumliegen - führen Sie das Ritual erst durch, wenn Sie den Stein kurz danach loswerden können.

Neues beginnen

Haben Sie Ihr Rauhnächte-Tagebuch schon mit einigen Notizen gefüllt? Nichtsdestotrotz sollte noch Platz für Ihre Wünsche, Ziele und Pläne sein. Wenn etwas Neues in Ihr Leben kommen soll, dann müssen Sie eine Tür dafür öffnen. Eine Kerzenflamme gilt bspw. seit uralten Zeiten als Portal, durch das Kräfte zwischen den Welten hin- und herfließen können. Haben Sie schon einmal das Gefühl erlebt, eine Idee sei Ihnen zugeflogen? Dann war Ihre Intuition am Werk. Diese Fähigkeit können wir nutzen, um spontane Ideen, Lösungen für Probleme und Inspirationen zu erhalten.

Kerzenmeditation

Setzen Sie sich bequem hin und entzünden Sie eine Kerze. Beobachten Sie die Flamme. Stellen Sie sich vor, sie sei ein Portal, durch das Gedanken von unserer Welt in die Anderswelt fließen können und umgekehrt. Denken Sie kurz über eine Frage nach, die Sie klären möchten und die mit Ihren Zielen im nächsten Jahr zu tun hat.

Bitten Sie darum, dass Sie Antworten erhalten und geführt werden. Sie brauchen nicht darüber nachzudenken, wen Sie da bitten - lassen Sie sich einfach auf die Vorstellung ein, dass es auf der anderen Seite Mächte gibt, die Ihnen helfen möchten. Grübeln Sie auch nicht allzu lange über Ihre Frage - formulieren Sie diese einfach möglichst klar und bildhaft in Ihrem Kopf und bitten dann um eine Antwort.

Leeren Sie dann Ihren Kopf, so gut es geht. Versuchen Sie, still zu werden. Wenn Ihre Gedanken zu wandern beginnen, stellen Sie einfach wieder Ruhe her. Beobachten Sie die Flamme, versuchen Sie, sich mit jedem Ausatmen ein wenig mehr zu entspannen.

Denken Sie an gar nichts. So können Sie - oft, ohne es zu merken - in einen leichten Trancezustand gelangen, in dem Sie gleichzeitig sehr entspannt und sehr fokussiert sind. Dies sind günstige Voraussetzungen für intuitive Kommunikation.

Achten Sie darauf, ob Ideen oder Gedanken in Ihrem Bewusstsein auftauchen, die mit Ihrer Frage zu tun haben. Registrieren Sie diese, aber denken Sie nicht weiter darüber nach.

Lassen Sie einfach kommen, was kommen will, ohne es gleich zu bewerten und ohne es auszugestalten. Und wenn gar nichts passieren sollte - dies ist kein Grund zur Panik. Viele Menschen, die erstmals mit der Kraft der Intuition arbeiten, erzielen nicht gleich die gewünschten Ergebnisse. Seien Sie sich bewusst, dass es nicht darum geht, irgendwelche Leistungen zu vollbringen oder sofort Ergebnisse zu erzielen. Vielmehr geht es darum, zunächst in Kontakt und in Dialog mit Ihrem Unterbewusstsein zu kommen. Wenn Sie nicht sofort die gewünschten Ergebnisse erzielen und die Antworten bekommen, welche Sie sich wünschen: Bleiben Sie geduldig. Vielfach erhalten Sie die Antworten nicht in diesen Momenten leicht veränderten Bewusstseins - sondern im Traum, in zufälligen Unterhaltungen mit anderen Menschen, in Botschaften im Radio oder im Fernsehen oder als plötzliche Eingebungen, die Sie scheinbar aus heiterem Himmel wie der Blitz treffen. Vergessen Sie dann nicht, auch diese Erfahrungen aufzuschreiben.

Tipp: Räuchern Sie mit Weihrauch oder Salbei, dies klärt die Atmosphäre und hält negative Energien fern. Sie können auch ein paar Tropfen Pfefferminzöl oder Zitronenöl in eine Aromalampe geben - auch dies ist hilfreich, um klare Gedanken zu erhalten.

Bild 10 - © depositphotos - T.DenTeam
Kerzenmeditation

Die Rauhnächte im Einklang mit der Natur - Warum uns die Natur Struktur und Halt gibt

Unsere Gewohnheiten, Routinen und Alltagsrituale helfen uns, zu erfahren, wer wir wirklich sind. Wir Menschen besitzen viele verschiedene Facetten, die teilweise sogar sehr widersprüchlich sein können. Um diese zu erfahren, brauchen wir Situationen, die es bestimmten Facetten unserer Persönlichkeit erlauben, in Erscheinung zu treten und entsprechend zu handeln. Das ist auch der Grund, warum viele Menschen bewusst herausfordernde Situationen suchen: Wer nie bis an die Grenzen seines Könnens, seiner Intelligenz oder seiner Kraft gegangen ist, kennt sich selbst nicht wirklich und weiß nicht, wozu er oder sie imstande ist. In Extremsituationen entwickeln Menschen immer wieder ungeahnte Kräfte und wachsen über sich hinaus. Herauszufinden, zu welchen Leistungen man fähig ist, kann mit einem immensen Glücksgefühl verbunden sein - ganz zu schweigen von den positiven Auswirkungen solcher Erfolgserlebnisse auf unser Selbstbewusstsein und unsere Psyche.

Weniger spektakulär, aber nicht weniger wichtig sind die ruhigeren, unauffälligeren Aspekte unseres Lebens, in denen oberflächlich betrachtet gar nicht so viel zu passieren scheint. Schlaf, Entspannung und Nichts-Tun helfen uns jedoch dabei, Körper, Geist und Seele zu regenerieren und so eine starke Basis für unser Tun, für unser aktives Leben zu schaffen.

So wie wir imstande sein müssen, im Rahmen unserer Möglichkeiten unsere Energie einzubringen und Herausforderungen zu bewältigen, müssen wir im Laufe unseres Lebens auch lernen, uns in die Stille zurückzuziehen.

Wir sind ein Teil der Natur und deren Gesetze. Deshalb folgen wir auch auf biologischer Ebene dem ewigen Wechsel von Aktivität und Ruhe. Der Tag-Nacht-Rhythmus liefert die grundlegende Struktur von Aktivität und Ruhe.

Während wir schlafen, sind einige unserer biologischen Systeme sehr emsig: Entgiftungs- und Reparaturvorgänge werden intensiviert, und gegen Ende der Schlafphase wird das Immunsystem besonders aktiv.

Tagsüber brauchen wir Pausen, um unsere Energiespeicher zu füllen oder bspw. auch nach dem Essen, um dieses besser zu verdauen. Der ständige Wechsel von Ruhe und Aktivität, den wir im Jahreskreis sehen, ist fest in uns ***„programmiert"***. Wenn wir den Wechsel von Ruhe und Aktivität, der für eine gesunde Lebensweise unabdingbar ist, vernachlässigen, geraten Körper und Seele allmählich aus der Balance. Die Folgen können vielfältig sein. Als erste Warnzeichen können sich Abgeschlagenheit, Müdigkeit, Konzentrationsschwäche, mangelnde Vitalität einstellen, aber auch Verdauungsbeschwerden, Kreislaufstörungen, Schwindel, Stimmungsschwankungen, Rücken- oder Muskelschmerzen und ein erhöhter Blutdruck können Merkmale dieser unvorteilhaften Lebensweise sein. Unsere hektische Lebensweise und die steigenden Herausforderungen unserer Arbeitswelt lassen uns leider oft wenig Wahl, um unserem natürlichen Ruhebedürfnis nachzukommen.

Deshalb ist es so wichtig für uns, in Kontakt mit dem natürlichen Rhythmus von Aktivität und Ruhe zu bleiben, auf die Signale des Körpers zu achten und sein Ruhebedürfnis zu berücksichtigen. Am besten tun wir das, indem wir dazu feste Strukturen errichten.

Und was hat das alles mit den Rauhnächten zu tun, so fragen Sie vielleicht? Wir können die spezifischen Energien dieser Jahreszeit aufnehmen, mit ihnen fließen, sie durch uns hindurchfließen lassen. Die Rauhnächte bieten so eine wertvolle Chance, tief in die eigene innere Ruhe einzutauchen und von der Hektik des Alltags Abstand nehmen zu können.

Die Rauhnächte als biologischer Taktgeber - Die Pause zwischen den Jahren

Wissen Sie, was ein Achtsamkeitsspaziergang ist? Vielleicht haben Sie schon einmal von Achtsamkeitstraining oder Achtsamkeitsmeditation gehört. Vereinfacht gesagt, geht es dabei darum, den Moment der Gegenwart voll und ganz zu erleben, ohne daran irgendetwas ändern zu wollen. Alle Sinne sind auf das gerichtet, was sich in Ihnen und um Sie herum abspielt - seien es Ihre Körperempfindungen, weiter Geräusche, Farben, Formen, Gerüche, Bewegung und Struktur. Alles wird wertfrei so akzeptiert, wie es ist. Wenn wir unsere Wahrnehmung ganz auf das Jetzt und Hier richten, sind wir ganz im Augenblick, Vergangenheit und Zukunft spielen keine Rolle. Weder Grübeln über vergangene Ärgernisse ist angesagt, noch geht es um in der Zukunft zu erledigende Aufgaben. Sie sind voll und ganz bei sich selbst und im Gegenwartsmoment verankert. Da Sie alles, was Sie wahrnehmen, einfach akzeptieren, brauchen Sie nicht zu bewerten, ob es gut oder schlecht ist, infolgedessen Sie auch nicht darauf reagieren müssen. Das kann sich sehr erleichternd anfühlen.

Wir leben, wenn wir wirklich frei und lebendig sein wollen, immer nur im Moment der Gegenwart. Denn die Vergangenheit entfernt sich bereits mehr und mehr von unserem jetzigen Augenblick. Und die Zukunft existiert so lange nicht, bis sie selbst zum Gegenwartsmoment wird. Wir sollten also lernen, ausschließlich in der Gegenwart zu leben, denn das ist der einzige Moment, in dem wir tatsächlich existieren.

Erkenntnisse über die heilende Wirkung der Achtsamkeit verdanken wir v. a. dem amerikanischen Mikrobiologen **Jon Kabat-Zinn (geb. 1944)**. In den 1960er Jahre begann er, buddhistische Meditation zu praktizieren. In einigen buddhistischen Schulen wird die sogenannte ***Vipassana-Meditation*** praktiziert, um die spirituelle Entwicklung zu fördern. Kabat-Zinn erkannte den Nutzen der Praxis bei Stress und Angsterkrankungen.

Vipassana: ist die älteste buddhistischen Meditationspraktik. Vipassana ist eine direkte und stufenweise Kultivierung von Achtsamkeit. Der Meditierende wird darin geschult, sich zunehmend seiner eigenen fließenden Lebenswirklichkeit gewahr zu werden.

Anschließend wandelte er die Meditationstechniken entsprechend den Bedürfnissen westlicher Menschen ab und gründete 1979 die ***Stress Reduction Clinic*** an der Universität von Massachusetts. Hier wendete er seine neu entwickelte Methode unter der Bezeichnung ***MBSR*** an und hielt auch diesbezügliche Lehrveranstaltungen an der Universität ab. ***MBSR*** steht für ***„mindfulness-based stress reduction“***, was man mit ***„achtsamkeitsbasierte Stressreduktion“*** übersetzen kann. Seitdem haben Millionen Menschen ***MBSR*** praktiziert, und die Methode wurde in einer Vielzahl von Studien untersucht und als wirksam bei Stressbelastungen befunden. Inzwischen findet man auch im deutschsprachigen Raum nahezu flächendeckend Achtsamkeits-Kursangebote.

Rauhnächte-Achtsamkeitsspaziergang

Wer wir sind, können wir erfahren, wenn wir Situationen aufsuchen, die uns erlauben, unsere verschiedenen Facetten zu erfahren - diesen Faden vom Beginn des Kapitels können wir nun wieder aufnehmen. Die Rauhnächte als Zeit des Rückzugs, der Stille und der inneren Einkehr bieten uns die wertvolle Möglichkeit, tiefere Schichten unseres Selbst zu erspüren und zu erforschen, die in unserem hektischen Alltag nicht zutage treten können.

Wir können dabei die Natur wie einen Spiegel nutzen. In uns sind die gleichen Kräfte aktiv, die auch ***„dort draußen“*** die Natur gestalten - wir selbst sind ein Teil der Natur, in der sich diese Kräfte ebenso offenbaren.

Planen Sie für Ihren ersten ***Achtsamkeits-Spaziergang*** zunächst mindestens fünfzehn Minuten ein - spätere Spaziergänge können Sie nach Belieben verlängern. Suchen Sie idealerweise einen stillen, wenig besuchten Ort auf, den Sie gut (zu Fuß oder mit dem Auto) erreichen können.

Sie sollten mit dem Ort vertraut sein, sodass Sie das Gelände und die Wege kennen und sich sicher fühlen - infolgedessen kommt es nicht zu unerwünschten Ablenkungen, weil Sie sich bspw. verlaufen könnten. Informieren Sie sich auch über das Wetter und etwaige Wetterwarnungen und achten Sie auf geeignete Kleidung und Schuhe. Proviant ist nicht nötig, aber eine kleine Wasserflasche kann nützlich sein, damit Durst nicht zur Ablenkung wird. Planen Sie vorher Ihren Weg, damit Sie sich darüber unterwegs keine Gedanken machen müssen. Und selbstverständlich schalten Sie das Handy aus, um Störungen zu vermeiden.

Ihr ***Achtsamkeits-Spaziergang*** beginnt, wenn die Zivilisation langsam hinter Ihnen zurückbleibt. Beginnen Sie zuerst bei Ihrer Körperwahrnehmung: Was verraten Ihnen Ihre Fußsohlen über die Beschaffenheit des Bodens? Wie fühlt sich der Boden an, wie sieht er aus? Wie warm oder kalt sind Ihre Zehen, Ihre Finger? Spüren Sie Ihren Herzschlag, ein Gluckern oder Grummeln im Bauch? Wie fühlt es sich an, Ihre Kleidung zu tragen?

Atmen Sie durch den Mund oder die Nase? Wie fühlt sich die Luft an, die durch Ihre Nase strömt? Versuchen Sie, so intensiv wie möglich zu spüren, was Ihr Körper Ihnen über sich selbst und seinen Zustand verrät. Nehmen Sie sich Zeit dazu, spüren Sie nach. Atmen Sie tief ein und aus, spüren Sie, wie sich Ihre Brust dehnt und wieder zusammenzieht. Spüren Sie irgendwo eine Verspannung, ein Ziehen, einen Schmerz? Nehmen Sie ihn einfach an, ohne ihn zu bewerten oder bekämpfen zu wollen. Akzeptieren Sie, dass er da ist. Es ist eine Mitteilung Ihres Körpers, eine Bitte um Aufmerksamkeit. Wie fühlt es sich an, in Ihrem Körper zu sein?

Dehnen Sie dann Ihre Wahrnehmung über Ihren Körper hinaus aus. Was hören Sie, was riechen Sie? Wie reagiert Ihr Körper darauf? Was können Sie sehen - was ist nah bei Ihnen, was weiter entfernt? Spüren Sie den Raum um sich herum.

Betrachten Sie die Pflanzen, die Landschaft. Nehmen Sie diese mit allen Sinnen auf. Welche Energie spüren Sie darin? Atmen Sie tief ein und aus, lassen Sie die Stimmung und die Energie des Ortes in sich hineinfließen. Bewerten Sie nicht - spüren Sie einfach.

Wie fühlt sich dieser spezifische Zeitabschnitt des Jahres für Sie an, dieser spezielle Tag? Nehmen Sie dieses Gefühl tief in sich auf, lassen Sie es zu, dass Ihr Körper und Ihre Seele damit in Resonanz treten. Denken Sie nicht darüber nach - das können Sie später tun. Jetzt geht es nur darum, dass Sie sich selbst spüren, während Sie in die Natur wie in einen Spiegel blicken, und sich erlauben, diese Resonanz entstehen zu lassen. Erwarten Sie dabei keine überwältigende Erfahrung (auch wenn solche sich gelegentlich spontan einstellen); es geht dabei eher um eine subtile Verlagerung der Perspektive und der Aufmerksamkeit. Was Sie dabei erleben, ist schwer vorauszusagen. Letztlich gibt es hier aber keinen Erfolg oder Misserfolg - Sie versetzen lediglich Ihre Aufmerksamkeit ganz ins Jetzt und spüren in sich hinein, ohne zu bewerten. Wenn Sie dabei das Geschenk der Stille mitnehmen, ist dies umso wertvoller.

Schreiben Sie Ihre Erfahrung in Ihrem Rauhnächte-Tagebuch auf. Versuchen Sie, Achtsamkeit auch im Alltag zu verankern, indem Sie innerlich hin und wieder einen Schritt zurücktreten und einfach nur den Gegenwartsmoment wahrnehmen. So bilden Sie eine Gewohnheit aus, die Ihnen in Stresssituationen nützen kann. Darüber hinaus sind Achtsamkeits-Meditationen und -Spaziergänge eine exzellente Art, Ruhe und Erholung zu erfahren, um ein Gegengewicht zum stressigen Alltag aufzubauen. So kann die Natur uns Struktur und Halt geben und uns helfen, in Balance zu bleiben.

Bild 11 - © depositphotos - PEPPERSMINT
Spaziergang im Winterwald

Mit Meditation und Achtsamkeitsübungen durch die magische Zeit der Rauhnächte

Wer noch nie meditiert oder sich in Achtsamkeitsübungen versucht hat, denkt meist, es handle sich um sehr komplexe Praktiken, welche höchster Konzentration und langjähriger Erfahrung bedürfen. Dem ist nicht so. Sie müssen kein tibetanisches Mönchsgewand tragen, nicht unbedingt im Schneidersitz stundenlang ein OM-Mantra singen und auch keine Enzyklopädie über die Geschichte der Meditation lesen, um schon nach sehr kurzer Zeit erste Veränderungen in Ihrer Wahrnehmung und Ihrem Bewusstsein zu registrieren. Je öfter Sie üben, desto beständiger werden Sie Ihr Bewusstsein öffnen und umso tiefer in Ihre eigene Natur und Ihre individuellen Bedürfnisse eintauchen.

Bewusstseinserweiterung und Selbstreflexion sind gerade in der winterlichen Übergangszeit der Rauhnächte sehr zu empfehlen.

In diesem Kapitel erfahren Sie, wie Sie mit praktischen Meditations- und Achtsamkeitsübungen Altes loslassen und einen Prozess des Neubeginns in Gang setzen können.

Hierbei stellt sich zunächst die Frage, was der Unterschied zwischen einer Meditation und einer Achtsamkeitsübung ist.

Die wichtigsten Unterschiede sind nachfolgend dargestellt:

- Meditationen und Achtsamkeitsübungen haben viele Gemeinsamkeiten.
- Meditationen dauern länger als Achtsamkeitsübungen und beginnen mit einer Induktion.
- Meditationen sollte man idealerweise allein oder in einer Meditationsgruppe vornehmen.
- Meditationen führen in einen tieferen Bewusstseinszustand.
- Achtsamkeitsübungen sind perfekt für den Alltag und können fast überall und zu jedem Zeitpunkt ausgeführt werden.
- Achtsamkeitsübungen kann man mit geschlossenen oder mit offenen Augen machen.

Meditationen und Achtsamkeitsübungen überschneiden sich in vielerlei Hinsicht. Beide Praktiken führen zu einem Zustand der Entspannung und des Loslassens, in welchem sowohl die objektive Wahrnehmung der Außen- als auch der Innenwelt gefördert wird. Durch die Konzentration auf das Hier und Jetzt werden limitierende Gedankengänge und Emotionen unterbunden bzw. offengelegt. Hierdurch kommt es wiederum zu einer Befreiung des Bewusstseins, was neue Perspektiven und Einsichten ermöglicht.

Es gibt jedoch einige wesentliche Unterschiede im Ablauf und in den jeweiligen Durchführungsmöglichkeiten: Um zu meditieren, sollten Sie entweder allein sein oder von anderen meditierenden Mitmenschen umgeben. Sie können im Stehen, im Sitzen oder im Liegen meditieren.

Wichtig ist, dass Sie eine lockere Haltung einnehmen, bei der sich keine Spannungen aufbauen. Um sich besser konzentrieren zu können, sollten Sie beim Meditieren immer die Augen schließen.

Jede Meditation beginnt mit einer sogenannten ***Induktion***. Diese erlaubt Ihnen, sich zunächst zu entspannen und sich in einen Bewusstseinszustand zu versetzen, welcher das eigentliche Meditieren erst ermöglicht. Eine ***Induktion*** wird häufig über die Konzentration auf die Atmung oder den eigenen Körper eingeführt, kann aber auch durch (andere) Visualisierungen und Entspannungstechniken hervorgerufen werden. Jede Meditation verfolgt eine bestimmte Absicht, sozusagen ein spezifisches Thema, welches mit der Meditation ***„bearbeitet"*** wird, ohne dabei jedoch einen bereits vordefinierten Ausgang oder eine Erkenntnis zu erwarten. Bilder, Emotionen und Sinneswahrnehmungen können auf diese Weise so angenommen werden, wie sie sich Ihnen während der Meditation präsentieren - ohne blockierende Ablehnungshaltung und ohne jegliches Werturteil. Bei regelmäßigem Meditieren über bestimmte Themen oder Problematiken öffnen sich Ihnen neue Perspektiven und Lösungsansätze, welche bereits unbewusst in Ihnen schlummern und nun dank Ihrer meditativen Akzeptanz und innerlichen Ruhe an die Oberfläche dringen und für Sie sichtbar werden.

Achtsamkeitsübungen können Sie immer und überall machen, außer natürlich beim Autofahren, beim Bedienen von bestimmten Maschinen oder bei anderen Tätigkeiten, welche Ihre volle Aufmerksamkeit erfordern.

Wie der Name der Übungen bereits vermuten lässt, wird die Achtsamkeit auf Vorgänge fokussiert, die im normalen Alltag fast automatisch und unbewusst vonstattengehen, ohne dass wir sie überhaupt noch wahrnehmen.

Sich bewusst ein Glas Wasser einschenken, das Glas zum Mund führen, den kühlen Schluck im Hals spüren, anderen Menschen bewusst zuhören, sich auf den Ton ihrer Stimme und auf ihre Gesichtsmimik konzentrieren, mit geschlossenen Augen den Duft des Frühstückskaffees und die glatte Oberfläche der Kaffeetasse wahrnehmen - All solche bewussten Achtsamkeitsübungen bringen Sie in den gegenwärtigen Augenblick und in Ihre erspürte, instinktive Welt zurück, die für Sie als Kind noch Normalität war. Durch entsprechende Übungen befreien Sie sich aus intellektualisierten, festgefahrenen Auffassungen, störenden Gedanken und Programmierungen, mit welchen wir uns oft selbst sabotieren.

Hilfreiche Tipps für ein reibungsloses, entspanntes Ausführen der Meditations- und Achtsamkeitsübungen

- Suchen Sie sich ein stilles Plätzchen im Freien oder zu Hause, wo Sie ungestört meditieren können. Schalten Sie Ihr Handy aus und legen es außer Reichweite.
- Setzen Sie sich keine zwingenden Ziele beim Meditieren. Bleiben Sie offen für alle Erfahrungen.
- Versuchen Sie niemals, störende Gedanken während der Übungen zu vertreiben. Nehmen Sie diese einfach wahr und visualisieren Sie solche Gedanken als Wolken, welche an Ihrem Horizont vorüberziehen.
- Anfänger beginnen am besten mit Achtsamkeitsübungen. Versuchen Sie, die Übungen Schritt für Schritt in Ihren Alltag zu integrieren - von Tag zu Tag sollten Sie sich mehr Zeit für die Übungen einräumen. Es ist zudem wirkungsvoller, sich täglich fünf Minuten Zeit für die Übungen zu nehmen als einmal im Monat zwei Stunden.

Warum sind gerade Jahreswechsel und Rauhnächte die ideale Zeit, sich mit dem eigenen Bewusstsein auseinanderzusetzen?

Nach den langen Weihnachtsvorbereitungen und den aufreibenden, wenn auch oft mit positivem Stress besetzen, Familienfeiern ist es traditionell an der Zeit, sich durch innere Einkehr und Selbstreflexion auf das kommende Jahr auszurichten. Die zwölf Rauhnächte zwischen Weihnachten und den Heiligen Drei Königen werden seit jeher als magische Zeit betrachtet. Schon die Kelten nutzten die Zeit des Übergangs zum neuen Jahr zur Reinigung und Befreiung von dunklen Kräften. Auch Sie können die wohltuende Stille nach dem Weihnachtstrubel nutzen, um durch Meditation und Achtsamkeitsübungen Platz für Neues zu schaffen und aus alten Strukturen auszubrechen.

Meditationen und Achtsamkeitsübungen im Winterwald

Auch im Winter kann man sehr gut im Freien meditieren und Achtsamkeitsübungen machen. Die alles umhüllende Stille des verschneiten Waldes, das Knirschen der weißen Pracht auf gefrorenen Wegen unter den Stiefelsohlen, Spuren im Schnee, der warme Atem in der kalten Luft - all diese stimulierenden Elemente laden zum Innehalten und zur Bewusstseinserweiterung ein. Wer im Liegen meditieren möchte, sollte sich aber selbstverständlich eine wärmende Erste-Hilfe-Decke mitnehmen.

Achtsamkeitsübung und Meditation zum Jahreswechsel

Übungsort: Draußen

Achtsamkeitsübung und Meditation, um Bilanz zu ziehen

Diese Übungen bieten sich ganz zu Anfang Ihrer Bewusstseinsarbeit an. Sie helfen Ihnen, sich selbst sowie die Höhen und Tiefen des vergangenen Jahres besser zu begreifen und so Ihre eigenen Herausforderungen, Bedürfnisse und Wünsche für das kommende Jahr bewusst abzustecken.

Bild 12 - © depositphotos - mallivan
Meditation im Winterwald

1) Achtsamkeitsübung Body-Scan - Energien und eventuelle Blockaden erkennen

Beginnen Sie Ihre Bewusstseinserweiterung mit einem schönen Spaziergang durch den Winterwald. Gehen Sie nicht zu schnell und versuchen Sie, Ihre Atmung mit Ihren Schritten zu synchronisieren. Atmen Sie immer dann durch die Nase ein und wieder durch den Mund aus, wenn Sie dasselbe Bein nach vorne setzen. Synchronisieren Sie Ihre Atmung zunächst ein paar Minuten mit dem rechten Bein, dann mit dem linken Bein. Suchen Sie sich nun einen Baum, der Sie zum Ruhen einlädt. Lassen Sie sich dabei von Ihrer Intuition leiten. Denken Sie nicht zu lange nach. Wählen Sie einfach den Baum, der Sie anzieht. Der Stamm sollte aber breit genug sein, damit Sie sich anlehnen können. Sie können die Übung im Stehen machen oder im Sitzen auf einer Erste-Hilfe-Decke. Schließen Sie die Augen.

Nehmen Sie ein paar ruhige, tiefe Atemzüge und stellen Sie sich vor, dass der Baum mit Ihnen atmet. Spüren Sie die Ausdehnung des Stamms immer dann, wenn sich Ihr Bauch hebt. Lenken Sie nun Ihre Aufmerksamkeit auf Ihre Stirn und schließlich auf den Innenraum Ihres Kopfes unter der Schädeldecke, hinter Ihren Augen, in den Gehörgängen und hinter Ihren Lippen. Welche Energien nehmen Sie wahr? Vielleicht können Sie Farben oder Bilder sehen, Wärme oder Kälte spüren.

Vielleicht kribbelt es hier und da. Vielleicht vernehmen Sie auch nichts Bestimmtes, vielleicht herrscht absolute Stille. Was auch immer Sie fühlen und einsehen, akzeptieren Sie Ihre Wahrnehmungen. Scannen Sie nun Ihren gesamten Körper auf die gleiche Art und Weise, vom Kopf über den Hals, die Brust, den Bauch, die Arme, die Hände, die Oberschenkel, die Knie, die Waden und die Füße bis zu den Zehen. Lenken Sie Ihren Fokus dabei etwas länger auf den Herz- und Bauchbereich. Nehmen Sie alle Energien in Ihrem Körper wahr.

Beenden Sie den Body-Scan, indem Sie sich ein paar Momente auf die Geräusche des Waldes konzentrieren, Bewegen Sie Ihre Finger und Zehen, atmen Sie tief durch die Nase ein und wieder kräftig durch den Mund aus. Öffnen Sie die Augen.

2) Meditation Jahreszeiten-Rad - Das alte Jahr Revue passieren lassen

Suchen Sie sich ein gemütliches Plätzchen im Freien, an dem Sie sich spannungsfrei hinlegen können. Das kann ein Liegestuhl auf dem eigenen Balkon oder eine isolierende Überlebensdecke auf weichem Waldlaub sein. Vermeiden Sie gefrorene Böden. In jedem Fall sollten Sie auf warme Kleidung achten, damit Sie sich bei der Übung nicht erkälten. Wenn Sie eine angenehme Position gefunden haben, schließen Sie die Augen.

Atmen Sie tief durch die Nase ein, halten Sie die Luft an, zählen Sie bis drei, und atmen Sie wieder kräftig durch den Mund aus. Wiederholen Sie diesen Vorgang, bis Sie spüren, dass Sie innerlich ruhiger werden. Dann atmen Sie ganz normal und entspannt weiter durch die Nase. Fühlen Sie Ihren friedvollen, regelmäßigen Herzschlag.

Spüren Sie den Kontakt Ihres Körpers mit dem Liegestuhl oder mit der Decke. Fühlen Sie die wohltuende Schwere Ihrer Gliedmaßen. Um sich noch tiefer zu entspannen, können Sie sich eine kleine Lichtkugel vorstellen, die vom Himmel langsam auf Sie hinabschwebt.

Spüren Sie die Wärme der Kugel, wenn sie sich Ihrer Stirn nähert. Lassen Sie diese Lichtkugel nun über Ihnen schweben und sich langsam von der Stelle zwischen Ihren Augenbrauen bis zu Ihren Fußspitzen bewegen. Spüren Sie, wie sich Ihr gesamter Körper nach und nach unter der Kugel entspannt. Fühlen Sie, wie sich alle Verkrampfungen lösen, alle Muskeln des Körpers weich werden. Sie sind nun völlig gelöst und lassen sich wie ein Blatt im Wind von Mutter Erde tragen.

Lenken Sie Ihre Aufmerksamkeit jetzt auf die zwölf Monate des vergangenen Jahres. Hierzu können Sie ein großes Rad visualisieren, welches sich vor Ihrem inneren Auge langsam dreht. Auf diesem Rad sind alle Jahreszeiten und alle Monate von Januar bis Dezember aufgezeichnet.

Halten Sie das Rad an einer beliebigen Stelle an, und betrachten Sie den Zeitabschnitt, der sich Ihnen präsentiert, etwas genauer. Können Sie sich an Ereignisse oder vielleicht an Stimmungen erinnern? Wie ging es Ihnen zu diesem Zeitpunkt? Waren Sie glücklich und enthusiastisch? Oder vielleicht eher niedergeschlagen? Lassen Sie die Erinnerungen und Eindrücke wirken, ohne sie zu bewerten. Lassen Sie alle Emotionen und Gefühle zu. Bleiben Sie so lange mit Ihrem Bewusstsein auf dem gestoppten Abschnitt des Rades, wie es hilfreich für Sie ist. Dann können Sie das Rad weiterdrehen und andere Abschnitte des Jahres beleuchten. Wiederholen Sie den Vorgang, so oft wie Sie wünschen. Sie müssen nicht unbedingt alle Monate Revue passieren lassen. Auch die Reihenfolge ist nicht wichtig. Lassen Sie einfach die Zeit des Jahres aufleuchten, die Ihnen etwas sagen möchte. Es kann auch passieren, dass sich derselbe Zeitabschnitt mehrmals zeigt. Nehmen Sie sowohl das Verhalten des Rades als auch Ihre Emotionen bedingungslos an. Es geht nicht darum, die inneren Bilder zu analysieren oder nach einer bestimmten Logik auszurichten.

Sie meditieren, um wertfrei zu beobachten und die Dinge zur Kenntnis zu nehmen - so wie sie sind.

Lassen Sie das Rad langsam verschwinden, indem Sie es wie ein Computerbild Pixel für Pixel auflösen, und kehren Sie an den Platz zurück, an dem Sie liegen. Nehmen Sie Kontakt mit den umgebenden Geräuschen und eventuellen Gerüchen auf, spüren Sie die kühle Luft in Ihren Nasenhöhlen beim Einatmen, bewegen Sie Ihre Füße und Ihre Hände. Gähnen Sie, wenn es Ihnen danach sein sollte. Öffnen Sie die Augen.

Achtsamkeitsübung und Meditation zur Befreiung von Sorgen und Ängsten

Übungsort: Ihre Wohnung

Nichts ist blockierender als Angst. Angst vor Versagen, Angst, sich lächerlich zu machen, Angst, nicht perfekt zu sein, Angst vor der Zukunft, Angst, dass uns oder anderen etwas passieren könnte, Angst vor der Angst. Wir versuchen unbewusst, diese vermeintlich ***„schlimmen"*** Ausgänge dadurch zu vermeiden, dass wir bestimmten Dingen ausweichen oder Pläne wieder verwerfen. Auch hinter Sorgen stecken immer spezifische Ängste. Vorsicht ist jedoch nicht das Gleiche wie Angst. Wenn Sie im kanadischen Wald plötzlich einem Bären begegnen, wird Sie die Vorsicht dazu bringen, sich langsam und ruhig zurückzuziehen und nach einem Baum mit tiefen Ästen Ausschau zu halten, auf dem Sie sich in Sicherheit bringen können. Reine Angst würde Sie jedoch in Schweiß ausbrechen lassen und vom Bären verfolgt schreiend davonlaufen lassen. Mit den alltäglichen Herausforderungen des Lebens ist das nicht anders. Entscheidungen, die wir aus Angst treffen, sind meist die falschen.

Bild 13 - © depositphotos - bernardbodo
Yoga-Meditation zu Hause

Deshalb ist es wichtig, dass Sie sich regelmäßig von Ihren Ängsten befreien. Folgende Übungen sind dazu geeignet.

1) Achtsamkeitsübung Mülltonne - Ängste lösen und wegwerfen

Stellen Sie sich in einen großen Raum mit viel Platz, in dem Sie auch mit ausgestreckten Armen nichts umwerfen können. Achten Sie auch darauf, dass die Decke über Ihnen frei ist und nichts über Ihnen hängt - wie bspw. Lampen, Deko oder Ähnliches.

Sie können die folgende Übung sowohl mit offenen als auch mit geschlossenen Augen machen. Manche Menschen können mit offenen Augen das Gleichgewicht besser halten und fühlen sich sicherer. Lenken Sie nun Ihre Aufmerksamkeit auf eine ganz bestimmte Angst, die Ihnen das Leben erschwert. Oft manifestieren sich solche Angstblockaden im Brustbereich, sie können aber auch an anderen Stellen im Körper unangenehme Empfindungen verursachen. Visualisieren Sie nun eine Mülltonne, etwa einen Meter vor Ihnen entfernt. Wenn Sie Probleme mit dem Visualisieren haben sollten, können Sie auch einen echten Papierkorb aufstellen.

Atmen Sie nun tief durch die Nase ein, halten Sie die Luft an, ballen Sie Ihre rechte Hand zur Faust und werfen Sie Ihren gespannten, ausgestreckten rechten Arm nach oben, nach hinten und wieder nach vorne, in mehreren durchgehenden Kreisbewegungen. Stellen Sie sich vor, dass Sie mit diesen kreisenden Armbewegungen die Angst aus ihrer Verankerung im Körper lösen. Sobald die Luft knapp wird, atmen Sie kräftig durch den Mund aus und öffnen die Faust, um die Angst nach vorne in die Mülltonne zu werfen. Wiederholen Sie den Vorgang noch einmal mit dem linken Arm und dann mit beiden Armen gleichzeitig. Bleiben Sie danach noch ein paar Momente stillstehen, um Ihre Atmung zu beruhigen und sich der Abwesenheit Ihrer Angst bewusst zu werden.

2) Meditation Hürdenlauf - Ängste überwinden

Legen Sie sich auf einen weichen Teppich, auf die Couch oder setzen Sie sich in einen bequemen Sessel, in dem Sie sich zurücklehnen und gut entspannen können. Atmen Sie ein paarmal tief ein und aus. Stellen Sie sich nun vor, Sie liegen in Badekleidung an einem warmen Strand südlich des Äquators. Ihre Füße befinden sich in der sanften, lauwarmen Brandung. Spüren Sie, wie die Wellen von den Füßen über die Waden bis zu den Oberschenkeln gleiten und Ihre Muskeln dabei entspannen. Fühlen Sie das Wasser von Welle zu Welle immer höher steigen. Nach und nach verwandelt sich das Meerwasser in eine wärmende Energiewelle, die Ihren gesamten Körper durchläuft, von den Zehenspitzen bis zur Kopfhaut und wieder zurück. Synchronisieren Sie diese Entspannungswellen mit Ihrer Atmung. Beim Einatmen läuft die Energie von den Zehen bis zur Schädeldecke, beim Ausatmen wieder zu den Füßen zurück. Wiederholen Sie diesen Wellengang so lange, bis Sie sich völlig relaxed und gelöst fühlen und keinerlei Spannung in Ihrem Körper zurückbleibt.

Denken Sie nun an ein Ziel, das Sie sich gesetzt haben. Visualisieren Sie dieses Anliegen in der Ferne, am anderen Ende des Strandes bzw. am Ende eines langen heimischen Waldwegs oder einer Wiese. Die Jahreszeit und der Ort spielen hierbei keine Rolle. Wichtig ist, dass Sie eine gewisse Distanz wahrnehmen und Ihrem Ziel ein Bild geben. Dabei kann es sich um einen einfachen Punkt oder um komplexere Visualisierungen handeln. Setzen Sie sich nicht unter Druck, wenn keine konkreten Bilder vor Ihrem inneren Auge entstehen. Nehmen Sie nun die Hürden wahr, welche Sie von Ihrem Ziel trennen. Wie viele Hürden sichtbar werden, hängt von Ihren Ängsten ab.

Vielleicht manifestiert sich nur eine riesige Hürde oder aber viele kleine oder mittelgroße Hürden. Versuchen Sie, den verschiedenen Hürden einen Namen zu geben. Um welche Angst handelt es sich genau? Wie groß ist sie? Bleiben Sie auf Distanz, beobachten Sie Ihre Ängste entspannt aus der Ferne. Atmen Sie ruhig und gleichmäßig durch die Nase. Betrachten Sie die Hürden jetzt etwas genauer. Sehen Sie, dass es sich nicht um fest installierte, physisch existierende Hürden handelt? Die Angsthürden sind in Wahrheit nur ein Hologramm, eine optische Illusion. Beim Überwinden dieser Hürden können Sie nicht daran hängen bleiben oder gar daran abprallen. Selbst wenn Sie nicht hoch genug springen sollten, werden Sie einfach durch das Hürdenhologramm hindurchspringen. Fühlen Sie Ihre Erleichterung über diese befreiende Tatsache. Spüren Sie, dass Sie nun nichts mehr von Ihrem Ziel abhalten kann, und laufen Sie in Richtung Ihrer Wünsche und Pläne. Nehmen Sie nach und nach alle Hürden und lassen Sie so Ihre Ängste auf dem Weg zum Ziel zurück. Sehen Sie, wie Ihr Ziel immer näher rückt. Fühlen Sie intensive Freude und Leichtigkeit bei Ihrer Ankunft. Bleiben Sie in diesem enthusiastischen Zustand, solange, wie Sie es wünschen. Lächeln Sie, wenn Ihnen danach ist.

Beenden Sie Ihre Meditation, indem Sie mit den Fingern über die Oberfläche des Teppichs, der Couch oder der Sessellehnen streichen, tief ein- und wieder ausatmen und langsam die Augenlider öffnen.

Achtsamkeitsübung und Meditation, um sich für Neues zu öffnen

Übungsort: Draußen

Manchmal fällt es schwer, sich für Neues zu öffnen. Wir spüren, dass es an der Zeit ist, Altes loszulassen, weil die Entscheidungen der Vergangenheit in der Gegenwart nicht mehr funktionieren oder überholt sind. Und dennoch wissen wir oft nicht, in welche neue Richtung wir uns begeben sollen. Aus diesem Grund halten wir am Alten fest und bleiben in einer Art Kreisverkehr, der uns oft unnötig lange zurückhält.

Mit folgenden Übungen lernen Sie, Ihren Horizont zu erweitern und neue Perspektiven zuzulassen, welche Ihnen bisher unbekannte Wege aufzeigen und Ihnen das Vertrauen schenken, diese Wege zu gehen.

Achtsamkeitsübung Daumen hoch - Neues verinnerlichen

Diese Übung können Sie im Stehen oder im Sitzen machen. Zur kalten Jahreszeit bietet es sich an, eine stehende Position im Freien zu wählen. Sie können z. Bsp. auf einem Spaziergang eine geeignete stehende Position einnehmen. Suchen Sie auf Ihrem Weg ganz bewusst nach neuen Eindrücken. Hierbei kann es sich um jegliche Art von Pflanzen, Steinen, Objekten, Phänomenen oder Sinneswahrnehmungen handeln. Wichtig ist lediglich, dass die Wahrnehmung vollkommen neu und dauerhaft für Sie ist.

Die Fußmatte eines Nachbarhauses, eine Wolke mit besonderer Form, der Rauch eines Schornsteins, die intensive Farbe eines geparkten Autos, der Schriftzug eines Geschäfts, der Duft aus der Küche eines Restaurants - Sobald Sie einen neuen Eindruck gefunden haben, konzentrieren Sie sich ein paar Momente darauf, um diesen gut im Gedächtnis zu behalten. Alsdann suchen Sie sich einen ruhigen Ort, an dem Sie das Neue ungestört verinnerlichen können. Hierzu heben Sie den rechten Daumen an Ihrem horizontal ausgestreckten Arm an, als ob Sie jemandem ein ***Gut-gemacht-Zeichen*** signalisieren wollten. Ihr gehobener Daumen symbolisiert und trägt das Neue, welches Sie verinnerlichen möchten. Fixieren Sie Ihren Daumen mit den Augen, heben Sie langsam Ihren rechten Arm und atmen Sie dabei tief durch die Nase ein. Lassen Sie Ihren Daumen nicht aus den Augen und denken Sie fest an den neuen Eindruck. Wenn Ihr Daumen am ausgestreckten Arm an der höchsten Stelle Ihres Blickfeldes angekommen ist, halten Sie die Luft an und bewegen Ihren Daumen ganz langsam in Richtung Nasenrücken. Sobald das Bild Ihres Daumens an Schärfe verliert, schließen Sie die Augen, setzen den Daumen oberhalb Ihres Nasenrückens direkt zwischen die Augenbrauen auf der Stirn auf, um so den neuen Eindruck zu verinnerlichen. Dann atmen Sie kräftig durch den Mund aus und lassen dabei Ihren Arm locker fallen. Bleiben Sie noch einen Moment mit geschlossenen Augen stehen und konzentrieren Sie sich auf den Berührungspunkt zwischen Ihren Augenbrauen. Was spüren Sie? Wie fühlt sich das Neue an? Öffnen Sie die Augen.

Meditation Neue Wege - Vertrauen für Neues fassen

Diese besondere Meditation können Sie im Gehen durchführen. Achten Sie darauf, dass Sie sicheres und festes Schuhwerk tragen und sich an einem Ort befinden, an dem Sie weder Gefahr laufen, von Fahrzeugen erfasst oder angerempelt zu werden noch selbst stolpern könnten. Der optimale Ort für diese Gehmeditation ist ein ebener Wald- oder Feldweg. Lassen Sie Ihre Augen halb geöffnet, damit Sie sich auf Ihre innere Welt konzentrieren können und gleichzeitig nicht vom Weg abkommen.

Als Alternative können Sie auch den Boden fixieren. Synchronisieren Sie Ihre Atmung mit Ihren Schritten, wie Sie es in der Achtsamkeitsübung ***Body-Scan*** gelernt haben. Verlagern Sie Ihre Atmung dann Schritt für Schritt von der Lunge zum Herzen. Stellen Sie sich vor, Sie atmen über Ihr Herz ein und wieder aus. Fahren Sie so lange mit dieser Herzatmung fort, bis Sie sich zutiefst entspannt fühlen.

Lenken Sie nun Ihre Aufmerksamkeit auf den Klang Ihrer Schritte. Vielleicht laufen Sie über Schnee und können das Knirschen unter Ihren Sohlen vernehmen, oder aber Sie hören das Rollen von kleinen Steinchen unter Ihren Schuhen. Spüren Sie, wie sicher und beständig Ihre Schritte sind.

Fühlen Sie, wie Sie stetig vorankommen, dass es nichts gibt, was Sie ausbremsen könnte.

Stellen Sie sich nun wohlwollende Wesen links und rechts des Weges vor. Hierbei kann es sich um magische Tiere wie Einhörner oder Fabelwesen menschlicher Gestalt wie Elfen handeln. Visualisieren Sie einfach die Wesen, denen Sie intuitiv vertrauen. Vielleicht denken Sie an liebevolle Wesen aus einem Buch oder möglicherweise an die Seelen eigener verstorbener Haustiere. Wichtig ist, dass Sie sich von positiven, vertrauenswürdigen Energien umgeben fühlen. Spüren Sie, dass Sie nie allein sind, dass Sie stets begleitet werden, auch auf neuen, noch unbekannten

Wegen. Spüren Sie, wie schön es ist, von gut gesinnten Kräften beschützt auf einem neuen Weg zu gehen, der Überraschungen für Sie bereithält. Fühlen Sie die Neugierde und Abenteuerlust in Ihnen wachsen. Spüren Sie, wie Sie sich innerlich für Neues öffnen.

Wenn Sie die Meditation beenden möchten, bleiben Sie einfach stehen, schließen Sie Ihre Augen komplett, atmen Sie tief durch die Nase ein und kräftig durch den Mund aus. Dann öffnen Sie Ihre Augen wieder und setzen Ihren Spaziergang in der Natur fort.

Achtsamkeitsübung und Meditation, um Veränderungen zu akzeptieren

Übungsort: Drinnen

Manchmal geht der Jahreswechsel mit einschneidenden Veränderungen einher. Und nicht immer sind diese Veränderungen von uns initiiert. Es gibt Ereignisse und Situationen im Leben, auf welche wir keinerlei Einfluss haben, da sie außerhalb unseres Entscheidungs- und Handlungsbereichs liegen. Eine Kündigung im Beruf, ein auslaufender Mietvertrag, eine vom Partner gewünschte Trennung, der Auszug eines volljährigen Kindes - all diese herausfordernden Lebenssituationen haben eines gemeinsam: Wir können nichts daran ändern und müssen die Veränderungen deshalb akzeptieren. Je länger wir daran festhalten, desto länger leiden wir.

Folgende Übungen helfen Ihnen, unabwendbare Umstände innerlich loszulassen.

1) Achtsamkeitsübung Loslassen - Unabwendbares akzeptieren

Schreiben Sie die Themen/Personen, welche Sie loslassen möchten, auf ein Blatt Papier, zerknüllen Sie dieses, und nehmen Sie die entstandene Papierkugel in die Hand. Setzen Sie sich nun mit geradem Rücken auf einen Stuhl, die Beine im rechten Winkel, beide Füße fest im Boden verankert und hüftbreit auseinander. Legen Sie nun Ihre Hände um die Papierkugel, als ob Sie einen kleinen Vogel schützen wollten. Die linke Hand ist unter der Kugel, die rechte Hand darüber.

Die Unterarme liegen dabei ohne Spannung auf den Stuhllehnen oder Ihren Oberschenkeln auf. Schließen Sie die Augen und atmen Sie ruhig und entspannt weiter. Spüren Sie, wie sich die Papierkugel auf Ihrem Schoß bei jedem Atemzug hebt und wieder senkt.

Halten Sie die Ihnen wichtige Kugel so lange schützend bei sich, wie Sie es brauchen. Schenken Sie der Kugel Ihre bedingungslose Zuneigung, senden Sie ihr Ihre wohlwollenden, positiven Energien. Wünschen Sie ihr alles erdenklich Gute, wie einem lieben Menschen, den Sie vor einer langen Reise zum Flughafen begleiten. Wenn Sie bereit sind, die Papierkugel gehen zu lassen, atmen Sie tief durch die Nase ein und heben die Papierkugel dabei mit gestreckten Armen und von Ihren schützenden Händen umgeben vor sich. Halten Sie die Luft an. Verharren Sie in dieser Position, bis es unangenehm wird. Dann atmen Sie kräftig durch den Mund aus und öffnen Ihre Hände, als ob Sie den zuvor beschützten Vogel nun fliegen lassen wollten. Atmen Sie noch einmal tief durch die Nase ein und ziehen Sie beim erneuten Ausatmen durch den Mund die Hände auseinander, damit die Papierkugel zwischen Ihren Knien zu Boden fallen kann. Dann lassen Sie Ihre Arme und Hände ganz langsam auf Ihren Schoß zurücksinken und atmen normal weiter.

Spüren Sie inneren Frieden und Ihre Erleichterung. Bleiben Sie noch ein paar Momente mit geschlossenen Augen ruhig sitzen. Bewegen Sie zuerst Ihre Füße, dann Ihre Hände. Öffnen Sie die Augen.

2) Meditation Wintergarten - Leben ist Veränderung

Setzen oder legen Sie sich auf eine bequeme Fläche, die Sie zu tiefer Entspannung einlädt. Schließen Sie die Augen. Atmen Sie ein paarmal tief durch. Konzentrieren Sie sich auf alle Stellen Ihres Körpers, die mit der Meditationsfläche in Berührung sind. Lösen Sie alle Verspannungen, vom Kopf über den Brustbereich und die Arme, den Bauch, die Hüfte und die Beine bis zu den Füßen. Um sich noch tiefer zu entspannen, können Sie innerlich von zehn bis null zählen, jede niedrigere Zahl symbolisiert dabei eine tiefere Entspannungsstufe. Hilfreich ist auch das Visualisieren eines Treppenabgangs, auf dem Sie von Stufe zu Stufe in einen immer tieferen Bewusstseinszustand gelangen.

Denken Sie nun an einen Garten im Winter. Vielleicht ist es Ihr eigener Garten, der Garten Ihrer Kindheit oder der Garten von Freunden. Sie können sich auch einen ganz neuen Garten vorstellen, den Sie zuvor noch nie gesehen haben. Stellen Sie sich in die Mitte des Gartens und drehen Sie sich im Kreis, um die gesamte Fläche zu überblicken.

Sehen Sie Ihren warmen Atem in der kalten Luft? Sind die Gartenmöbel vielleicht mit Schutzplanen bedeckt? Liegt Raureif auf den Bäumen und Büschen? Ist der Himmel grau oder klar? Sind Vögel auf der Suche nach ein paar Körnern im Garten? Verinnerlichen Sie die winterliche Stimmung des Gartens.

Drehen Sie sich nun ein erneutes Mal um. Jetzt sehen Sie denselben Garten im Frühjahr. Können Sie die Veränderungen wahrnehmen? Ist der Raureif verschwunden? Grünt der Rasen? Gibt es hier und da ein paar Blumen? Singen die Vögel? Lenken Sie nun Ihre Aufmerksamkeit auf den Sommer. Was geschieht im Garten? Sind Menschen zu einem ausgelassenen Fest versammelt? Können Sie ihre Stimmen, ihr Lachen hören? Spüren Sie die Sonne auf der Haut? Den wohltuenden Schatten der Bäume?

Drehen Sie sich ein letztes Mal um, und visualisieren Sie den Garten im Herbst. Welche Farben haben die Blätter? Lösen sich bereits einige Blätter von den Zweigen und segeln, im Herbstwind tanzend, zu Boden? Integrieren Sie all diese natürlichen Veränderungen im Garten und begreifen Sie tief im Innern, dass diese nicht nur zum Leben gehören, sondern Leben erst ermöglichen.

So wie ein Laubbaum seine alten Blätter erneuern muss, um Jahr für Jahr in den schönsten Farben strahlen zu können, muss auch der Mensch Altes loslassen und Neues akzeptieren, um sein volles Potenzial zu entfalten. Spüren Sie Ihre innere Ruhe. Verweilen Sie so lange im Garten, wie es Ihnen guttut.

Um die Meditation zu beenden, atmen Sie tief durch, machen ein paar kreisende Bewegungen mit Händen und Füßen und öffnen die Augen.

Achtsamkeitsübung und Meditation zur Festigung der Motivation

Übungsort: Draußen

Wer kennt es nicht? Man fasst zahlreiche Vorsätze zum Jahreswechsel, doch ein paar Wochen später scheinen sich diese in Luft aufgelöst zu haben. Oft scheitern unsere Vorhaben und guten Absichten an einem Mangel an ausreichender Motivation. Folgende Übungen unterstützen Sie dabei, den eigentlichen Sinn hinter Ihren Plänen zu verstehen. Dies verhilft Ihnen wiederum zu einer authentischen, wirkungsvollen Motivation.

Achtsamkeitsübung Warum? - Plänen einen Sinn geben

Diese Übung ist optimal für einen Neujahrsspaziergang durch den Wald, fernab vom Trubel der Stadt und von den Ablenkungen durch die Familie. Stellen oder setzen Sie sich an einen Platz im Wald, an dem Sie sich sicher und geborgen fühlen. Schließen Sie die Augen und sprechen Sie Ihren persönlichen Vorsatz dreimal laut aus: ***„Ich möchte von nun an…“***.

Lassen Sie Ihre eigenen Worte einen Moment in der Stille des Waldes auf sich selbst wirken. Wie fühlen sich Ihre Worte an? Stecken Überzeugung und Tatendrang dahinter, oder klingen die Worte eher leer, motivations- und sinnlos?

Stellen Sie nun laut die Frage: ***„Warum möchte ich von nun an …?“***

Wiederholen Sie die Frage so lange, bis Sie darauf eine klare und ehrliche Antwort erhalten. Manchmal muss die Frage etwas erweitert werden, um eine eindeutige Antwort zu bekommen. Haben Sie bspw. den Vorsatz, jeden Morgen joggen zu gehen, würde die Frage lauten: ***„Warum möchte ich von nun an jeden Morgen joggen gehen?“*** Die Antwort darauf könnte sein: ***„Weil ich meinem Körper etwas Gutes tun möchte.“***

Hinter dieser Antwort steckt eine direkte, persönliche Motivation. Wiederholen Sie diese laut: ***„Ich möchte von nun an meinem Körper täglich Gutes tun.“*** Ihr Vorhaben hat nun einen authentischen, von Ihnen gegebenen Sinn und wird daher einfacher zu realisieren sein.

Die Antwort könnte aber auch lauten: ***„Weil ich meinem Partner/ meiner Partnerin ein gutes Bild geben und seinen/ihren Erwartungen gerecht werden möchte.“*** Diese Motivation hat nichts mit Ihnen persönlich zu tun. Um zu Ihrer authentischen Motivation zu gelangen, müssten Sie weiterfragen: ***„Warum möchte ich den Erwartungen anderer gerecht werden?“*** Die Antwort darauf könnte wiederum lauten: ***„Weil ich Angst habe, deren Zuneigung zu verlieren.“***

„Warum habe ich diese Angst?“ - „Weil ich nicht genug Selbstvertrauen habe.“

Vielleicht war der Vorsatz des täglichen Joggens in Wahrheit also ein verborgenes Bedürfnis nach mehr Selbstvertrauen. Ein sinnvoller Neujahrsvorsatz wäre also: ***„Ich möchte von nun an täglich mein Selbstvertrauen aufbauen.“*** Sie werden sehen, wie spannend und aufschlussreich diese Frage-Antwort-Übung sein kann.

Meditation Am Ziel - Erfolg projizieren

Diese Meditation können Sie im Sitzen oder im Stehen, an einen Baum gelehnt, durchführen. Schließen Sie die Augen und entspannen Sie sich mit der Methode, welche für Sie am effektivsten ist - mit einer Lichtkugel, mit Herzatmung, einer Energiewelle, einem Countdown oder einer anderen Technik, welche Ihnen gut bekommt.

Stellen Sie sich nun am Ziel Ihrer Vorsätze vor. Fokussieren Sie Ihre Aufmerksamkeit auf Ihren fröhlichen, gelassenen Gesichtsausdruck, auf den Glanz der Freude und des Stolzes in Ihren Augen. Spüren Sie, wie schön es sich anfühlt, am Ziel Ihres Vorhabens angekommen zu sein.

Planen Sie z. Bsp., endlich Ihr altes Bad zu renovieren, und scheitert dieses Vorhaben Jahr für Jahr an Ihrer Motivation, dann visualisieren Sie sich in einem warmen, gut duftenden Schaumbad inmitten Ihres frisch renovierten Badezimmers.

Möchten Sie dagegen mit dem Rauchen aufhören, stellen Sie sich vor, auf einen Berg zu steigen und mit befreiter Lunge wieder tief durchatmen zu können. Spüren Sie, wie die frische Luft Ihre Lunge füllt und wie dankbar Ihr Ihnen Körper ist. Bleiben Sie so lange in Ihrer Erfolgsprojektion, wie Sie möchten.

Um die Meditation zu beenden, atmen Sie wie immer tief durch, konzentrieren sich einige Momente auf die Geräusche des Waldes und öffnen die Augen.

Das fruchtbare Potenzial der Dunkelheit

Dualität zwischen Licht und Dunkelheit

Zur Wintersonnenwende folgt auf den kürzesten Tag die längste und tiefste Nacht des Jahres: Hoch im Norden Deutschlands, wo die Tage am kürzesten sind, liegen nur etwa sieben Stunden zwischen Sonnenaufgang und Sonnenuntergang. Die Wintersonnenwende fällt in Deutschland - wie auf der gesamten Nordhalbkugel - meist auf den 21. Dezember, seltener auf den 22. Dezember. Die Sonne steht zu diesem Zeitpunkt so flach über dem Horizont wie zu keiner anderen Zeit im Jahr. Die Wintersonnenwende markiert gleichzeitig den astronomischen Winteranfang.

Die längste Nacht des Jahres, auch Julnacht oder Thomasnacht genannt, wurde seit jeher in fast allen Kulturen als die Wiedergeburt des Lichts und der wiederkehrenden Sonne gefeiert. In dieser Nacht gebiert die Göttin tief in der finsteren Erde in der stillsten aller Stunden das neue, wiedergeborene Sonnenkind - weshalb die Wintersonnenwende auch Mutternacht genannt wird.

Danach werden die Tage wieder länger, wenn auch zunächst fast unmerklich und nur für wenige Sekunden. Zur Sommersonnenwende steht das Licht in seiner vollen Pracht, um anschließend wieder an Kraft zu verlieren. Im Rhythmus des Jahresrades wiederholt sich dieser Zyklus, ewig und für alle Zeiten.

Während die Wintersonnenwende als der Triumph des Lichts über die Dunkelheit und als Wiedergeburt des Lebens gefeiert wird, wird die tiefe Dunkelheit dieser Tage - so wie die Dunkelheit allgemein - meist mit negativen Eigenschaften assoziiert.

So verbindet der Mensch mit der Dunkelheit oft das Böse schlechthin, weiter Gefahr, Bedrohung, Risiko und aufziehendes Unheil. Die Dunkelheit ist in der Regel den Phänomenen der Nacht zugeordnet, insofern sie auch mit Angst, Verstörung, mangelnder Sicherheit, Schatten, Albträumen und Verdammnis in Verbindung gebracht wird. Zudem wird die Dunkelheit der Unterwelt bzw. dem Bereich der Toten zugeordnet.

Auch Krankheit und Tod scheinen mit der Dunkelheit verbunden, zumal der Tod meist nachts auf leisen Sohlen daherkommt. Generell scheint das Böse im Dunkeln zu gedeihen, finstere Gestalten können im Schutz der Dunkelheit ihren wie auch immer gearteten Aktivitäten ungehindert nachgehen. Täuschung, Tarnung, das Falsche, das Unberechenbare, alle Form von Verbrechen und mangelnder Moral können sich im Schutz der Dunkelheit manifestieren. Tod und Vernichtung, das Ende sowie das Auslöschen von Leben gehören weiter zur Finsternis. Auch Vampire, Kobolde, Teufel, böse Geister, schwarze Reiter und andere lichtscheue Gestalten können ihr Werk erst nach Anbruch der Dunkelheit verrichten.

Dunkelheit ist in diesem Kontext nicht nur die Abwesenheit von Licht und Helligkeit, sondern sie wird als eigenständig wirkendes Prinzip betrachtet, das mit seinen vernichtenden Kräften gegen das Leben gerichtet ist. Die Finsternis wird mit Verzweiflung, weiter mit Auslöschung, Vernichtung, dem Tod, der Hölle und dem Verderben gekoppelt.

Die Nacht, die Zeit der Dunkelheit, gilt als die angsterzeugende, als die ***„böse“*** Tageszeit.

Dunkelheit ist damit nicht nur die Abwesenheit von Helligkeit und Licht, sondern sie muss mit allen Mitteln bekämpft und überwunden werden. Auch vom Christentum wird diese Einstellung bekräftigt, so kennt man aus der Bibel den Kampf des Lichts gegen die Finsternis, in dem das Licht als Siegerin hervorgeht.

Licht galt und gilt nicht nur als Signum für Sicherheit sowie für das Helle und Gute - nein, Licht galt auch bis zur industriellen Revolution als Statussymbol und Merkmal für Reichtum und Wohlstand. Während die arme Bevölkerung ihr Tageswerk mit Einbruch der Dunkelheit einstellen musste, feierten Reiche ausschweifende nächtliche Feste im Glanz des Kerzenlichtes. Auch konnten sie noch nachts noch sorglos unterwegs sein, da sie sich durch Untergebene heimleuchten ließen - so konnten sie wohlbehalten und sicher auch zu nachtschlafender Zeit durch die dunklen Gassen bis nach Hause flanieren.

Während bis dato das Licht weitgehend als positiv und erstrebenswert angesehen wurde, hat sich die Einstellung zur Dunkelheit mittlerweile teilweise geändert. Zwar zucken immer noch viele Menschen bereits beim Begriff ***„Dunkelheit"*** intuitiv zusammen, weil sie die Dunkelheit nach wie vor mit Eigenschaften wie unheimlich, verstörend, böse und falsch assoziieren - gleichzeitig wissen aber immer mehr Menschen um den Wert und das Heilsame auch der Dunkelheit.

Denn die Dunkelheit zu integrieren, bedeutet auch, die eigenen dunklen Anteile, die jeder Mensch in sich trägt, anzunehmen. Wer dagegen die Finsternis aus seinem Leben verbannt, verurteilt damit unbewusst auch die eigene dunkle Existenzhälfte - hierbei kann es sich um Angst, Unsicherheiten, Krankheit, Schuld, Wut, Hass, Eifersucht, und letztendlich auch um den Tod handeln.

Sowohl Licht und Dunkel sind duale, integrative Teile unseres Daseins. In der allgemeinen Vorstellung stehen sich ***Hell*** und ***Dunkel*** gegenüber, doch sie bedingen sich gegenseitig und gehören unabdingbar zusammen.

Der Mensch kann deshalb nur in sein persönliches Gleichgewicht kommen, wenn es ihm gelingt, Gegensätze und Polaritäten in sein Leben zu integrieren. Nur wer gleichzeitig seine Schatten und sein Licht wahrnimmt und akzeptiert, kommt in seine Mitte, in die Ganzheit seines Daseins. Dies ist ein nicht endender Vorgang, der fließt, erschafft und Neues hervorbringt.

Denn einem Menschen seine Schatten zu zeigen und ihn mit diesen zu konfrontieren, bedeutet gleichzeitig auch, ihm sein Licht zu zeigen: Denn es gibt keinen Tag ohne Nacht, kein Sternenlicht ohne die finstere Schwärze des Alls.

Wenn wir die Trennung zwischen Licht und Dunkelheit überwinden, werden wir ein vollständiges Ganzes. Indem wir die Polaritäten anerkennen, können wir individuell reifen, wachsen und uns verändern. ***„Ganzsein“*** bedeutet immer auch, voller Gegensätze und Widersprüche zu sein.

Polarität und Widerspruch bedeuten in diesem Zusammenhang jedoch nicht ein unvereinbarer Gegensatz, sondern Ergänzung zweier wesensverschiedener Aspekte zu einem höheren Ganzen. So ergänzen sich auch die Pole ***„Dunkelheit“*** und ***„Licht“***, sie sind untrennbar miteinander verbunden und bedingen einander. Polaritäten sind nicht nur Unterschiede, Spannungsfelder, sondern vor allem zwei Teile eines Ganzen, miteinander verbunden, nur durch das eine wird auch das ***„andere“*** ganz.

Die Polaritäten, mit denen der Mensch am stärksten konfrontiert wird und die ihn am meisten bewegen, sind Leben und Tod. Es gibt kein Leben ohne Tod, und der Tod ist der unweigerliche Endpunkt jedes Lebens. Nach ***Leben*** und ***Tod*** sind in der menschlichen Wahrnehmung ***Licht*** und ***Dunkelheit*** sowie ***Männlich*** und ***Weiblich*** die stärksten Polaritäten. Weitere Polaritäten sind Gesundheit und Krankheit, Ich und Du, ***Oben*** und ***Unten*** - stets müssen beide Prinzipien vorhanden sein, um den notwendigen Ausgleich schaffen zu können.

Die zwei gegensätzlichen Polaritäten sind hierbei immer aufeinander bezogen, ja sie schaffen erst die Möglichkeit des Lebens überhaupt, indem sie für die notwendige Selbstregulierung sorgen.

Der Mensch braucht diese ***Dualität***, auch die von Licht und Dunkelheit, die gleichen Rang haben und gleichwertige Komponenten eines Ganzen sind. Viel zu oft lehnen wir aber die Dunkelheit, die wir gleichsetzen mit unseren dunklen Seiten - mit unseren Ängsten, Sorgen, Schatten - ab, anstatt sie anzunehmen und zu akzeptieren. Nur, indem wir diese Ängste und Schatten jedoch integrieren und erkennen, dass diese Aspekte unseres Lebens gleichermaßen wertvoll sind, können wir uns bewusst unseren Schatten und der Dunkelheit in uns stellen - und auf diese Weise transformieren und auflösen. Denn die Nacht gebiert stets eine neue Sonne und bringt Licht ins Dunkel. Dieser Zyklus des Lebens wiederholt sich immerfort, in steter Veränderung.

Licht und Dunkelheit bestimmen gleichermaßen den Menschen - die Anerkennung dieses Prinzips kann uns wertvolle Erfahrungen bescheren und uns zur Ganzheitlichkeit, unserer wahren Natur verhelfen.

In der chinesischen Philosophie des Taoismus werden diese Gegensätze und Polaritäten durch Yin und Yang symbolisiert, welche die universellen Prinzipien des Lebens darstellen.

Bild 14 - © depositphotos - kevrom2002
Licht und Dunkelheit - Der Tag und die Nacht

Dunkelheit als zerstörende Kraft

Die Dunkelheit ist nicht nur Inbegriff der Fruchtbarkeit, sondern auch der Zerstörung und des Todes. Im Christentum wurde die Dunkelheit in die Unterwelt verbannt und die dunkle Seite der Göttin verteufelt. Ihre lichte, helle Seite wurde zur Heiligen Jungfrau, die den Erlöser durch eine unbefleckte Empfängnis zur Welt bringt.

Zerstörung wird gerne negativ assoziiert, hat aber auch mit Loslassen, sich von Lasten befreien, zu tun. Eingeweihte aller Zeiten wussten stets um das Potenzial der Dunkelheit, des Chaos, der kosmischen Urenergie, der ungezähmten Naturkräfte. Sie sind sich auch über deren Wirken in den Rauhnächten als 13. Zeit des Jahres bewusst und ebenso der Chancen, die sich daraus ergeben. Es ist die dunkle Phase des Mondes, die das neue Licht ankündigt, die Dunkelheit der Wintersonnenwende, die die Wiederkehr des Lichts und neuen Lebens einläutet. Mit dem Wachstum des Lichts offenbart sich, was aus der 13, dem Chaos, der Dunkelheit, entstanden ist. Es sind die jenseitigen Geister, die der Anders- oder auch Unterwelt, die in den Rauhnächten ins Diesseits dringen und die Geburt des neuen Lichts einläuten. Sie sind die wilden, ungezähmten, nicht den Regeln des Diesseits unterworfenen Wesenheiten. Darin liegt ihre Kraft: Das neue Leben findet seinen Anfang in der Dunkelheit und wächst in ihr heran, bis es sich in der lichten Welt entfaltet und vom Menschen wahrnehmbar wird.

Für den Menschen mit dem Bewusstsein im Diesseits wirkt die Dunkelheit dämonisch, unheimlich und fremd. Allerdings erfordert die Anerkennung des Lichts auch die der Dunkelheit. Denn im großen Ganzen gehört beides untrennbar zusammen.

Den Zugang dazu finden Sie über das Unterbewusstsein, welches der Dunkelheit entspricht, während das Bewusstsein mit seinen Sinnen die lichte Ebene des Diesseits wahrnimmt. Der Rückzug vom Außen, die Besinnung auf das eigene Innere, die Wahrnehmung der Ebene des Unbewussten, bedeutet, empfangsbereit zu sein für den Samen, der Neues hervorbringt.

Damit dies alles geschehen kann, muss jedoch zunächst das Alte weichen, dem Neuen Platz machen. Die 13 ist daher auch eine Zahl der Zerstörung. Die Dunkelheit verschlingt das Licht, das irdische Leben kommt zur Ruhe, die Natur zieht sich in sich zurück. Es ist eine karge, kalte Zeit.

Was als negativ empfunden wird und belastet, kann in den Rauhnächten, der 13. Zeit des Jahres, der Dunkelheit übergeben werden. Es ist eine magische Zeit, in der es sich anbietet, bspw. durch Räucherungen, eine ätherische Reinigung vorzunehmen, weiter Kummer bildlich in eine Schale Wasser fließen zu lassen und alles Belastende in der Dunkelheit der Nacht auflösen oder im hellen Mondschein transformieren zu lassen.

Alles Widrige kann auch auf einem Zettel notiert werden, der in einer Kerzenflamme verbrannt wird. So löst es sich ins Feinstoffliche auf und steht dort wieder frei zur Verfügung, um Neues entstehen zu lassen. Ebenso können Wünsche an das Universum durch das Feuer in die feinstoffliche Welt übergeben werden.

Für eine innere Reinigung bietet sich weiterhin die Meditation an. Das kann eine geführte Meditation sein, beim Lauschen ruhiger Musik erfolgen oder einfach, indem die Dunkelheit und Stille bewusst wahrgenommen wird.

Chakrenarbeit ist eine weitere wirksame Form der Reinigung, die in der Jahresnacht, der Zeit im Zeichen der 13, besonders effektiv sein kann.

Die Kelten und Germanen betrachteten die Zwölfnächte, die Dunkelheit der Jahresnacht, als eine Zeit des Rückzugs im Innen und Außen. Mythologisch ist ein solcher Rückzug mit dem Verharren und Schweigen gleichgesetzt.

Nur im Schweigen und Verharren können Botschaften und Bewegungen wahrgenommen werden und es erfordert die Dunkelheit, das Licht zu erkennen - das eigene, innere Licht ebenso wie das der Sonne. Wie der Jahrestag und die Jahresnacht zusammengehören, gehören Licht und Dunkelheit, Bewegung oder Aktivität und Innehalten, Diesseits und Jenseits, Gut und Böse, Oben und Unten, zusammen.

In den alten Kulturen war dieses Wissen noch bekannt und derart verinnerlicht, dass die Menschen ganz selbstverständlich danach lebten.

Schon ***Hermes Trismegistos***, der dem ägyptischen Gott ***Toth*** entspricht, wusste: ***„Wie oben, so unten!“***

Hermes Trismegistos: Die Göttergestalt ist eine Verschmelzung des griechischen Gottes Hermes mit dem ägyptischen Gott ***Thot***.

Toth: Toth ist in der ägyptischen Mythologie der ibisköpfige oder paviangestaltige Gott des Mondes, der Magie, der Wissenschaft, der Schreiber, der Weisheit und des Kalenders. In den Pyramidentexten galt Thot als Gott des Westens.

Bei den alten Ägyptern war der 25. Dezember der Geburtstag des Gottes ***Horus*** und seines Bruders ***Seth***. Nachdem beide zunächst eine Einheit bildeten, wurde später Oberägypten dem Horus und Unterägypten dem Seth zugesprochen. Gleichermaßen galt Horus als ein Gott der Oberwelt und Seth als ein Gott der Unterwelt. Hier ist ersichtlich, wie eng die Geburt des Lichts mit der Dunkelheit verknüpft ist; beides gehört wie das Diesseits und das Jenseits, das Oben (Licht) und Unten (Dunkelheit) zusammen, so wie die göttlichen Brüder unabhängig von ihrem Wirkungskreis durch ihre Verwandtschaft verbunden bleiben.

Ein Sonnengott, dessen Geburtstag auf den 25. Dezember datiert, ist in weiteren Kulturen zu finden, etwa im persischen ***Mithra*** oder im römischen ***Sol Invictus***. Die Feierlichkeiten zu Ehren des Lichtgottes gingen bei Gläubigen in allen Kulturen mit der Empfangsbereitschaft gegenüber dem göttlichen Licht einher: Pflanzliche Samen gedeihen in der dunklen Erde, der menschliche Same befruchtet das Ei in der Dunkelheit und in der Dunkelheit der Gebärmutter wächst schließlich das neue Leben heran. Die Dunkelheit ist folglich dem fruchtbaren Seinszustand gleichzusetzen, aus dem das Leben entsteht.

Horus: Hauptgott in der frühen Mythologie des Alten Ägypten. Ursprünglich ein Himmelsgott, war er außerdem Königsgott, ein Welten- oder Lichtgott und Beschützer der Kinder.

Seth: Altägyptische Gottheit. Seth ist ein Wüstengott und wird mit den Stürmen und Unwettern in Verbindung gebracht, weshalb er als Gott des Chaos und des Verderbens gilt. Andererseits ist er auch Schutzgott der Oasen und Gefährte des Horus.

Sol Invictus: (**lat.: unbesiegter Sonnengott**). Sonnengott der antiken römischen Mythologie.

Mithra: Im Persischen Reich und in Indien war Mithra ein Gott des Rechtes und des Bündnisses sowie auch ein Licht- bzw. Sonnengott.

Bild 15 - © depositphotos - moutainpix
Das Auge des ägyptischen Gottes Horus

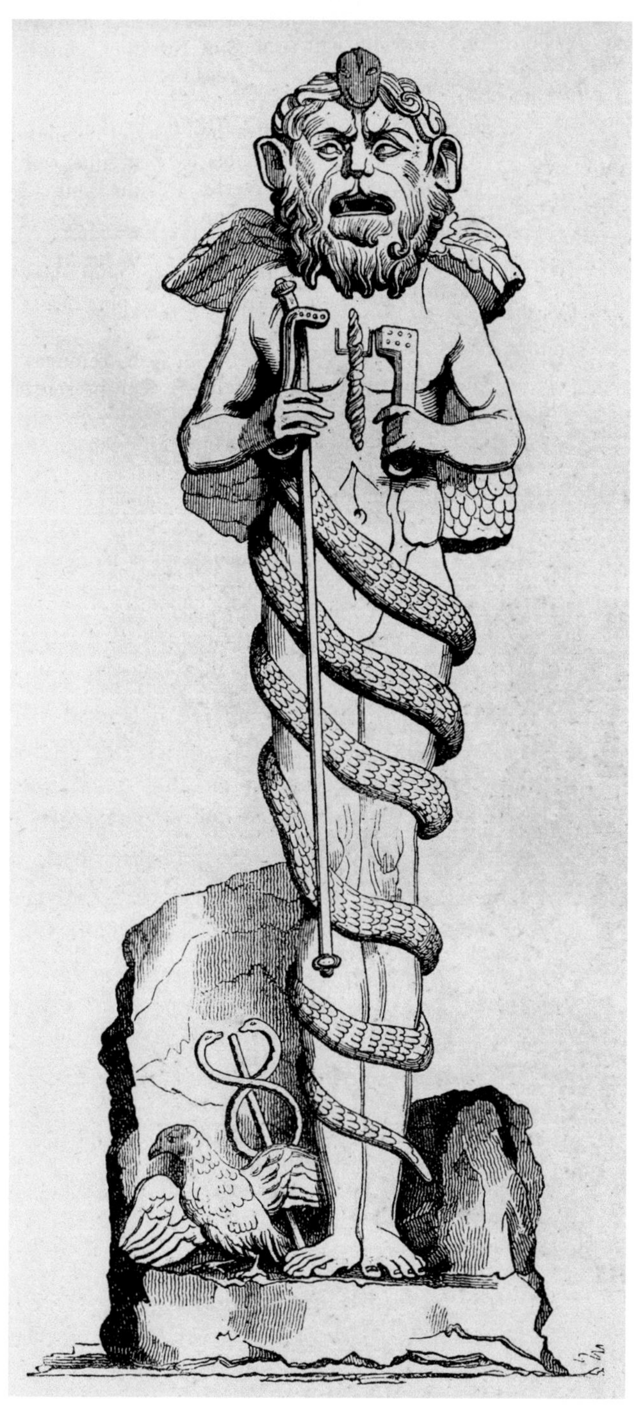

Bild 16 - © depositphotos - marzolino
Der persische Sonnengott Mithra

Die alljährliche (Wieder-)Geburt des Lichts in der dunkelsten Zeit des Jahres, der Jahresnacht, bringt ebenso Neues hervor. Es bedeutet ein neues Jahr, neues Leben auf Erden, neue Früchte. Alles entsteht neu aus der Dunkelheit, die damit ein enormes Potenzial bietet. Es liegt am Menschen, sich diesem zu öffnen, zu erspüren, welche Kräfte wirken, dem Raunen der Stille zu lauschen.

Das fruchtbare Potenzial der Dunkelheit, aus dem neues Licht und Leben geboren wird, ist zugleich ein Hinweis auf die Weiblichkeit. Das Männliche ist der gebende, das Weibliche der empfangende Part. Im dunklen weiblichen Schoß wächst das Leben heran und wird ins Licht geboren. Hier ist wiederum ein Hinweis auf den Mond zu finden, der das Licht der Sonne empfängt und spiegelt.

Dem Mond sind mythologisch überwiegend weibliche Göttinnen zugeordnet, die als dunkel und zerstörerisch, aber auch als lebensspendend gelten. Dies ist in den auf- und abnehmenden Mondphasen sowie in der hellen und der dunklen, der Erde abgewandten, verborgenen Seite des Mondes, ersichtlich. Die Mondgöttin ist im babylonischen ***Lilith***, von der Bibel übernommen als jene Schlange, die Eva einflüstert, vom verbotenen Baum der Erkenntnis zu naschen. Als Eva dem nachkommt, wird sie aus dem Paradies, dem Licht, verbannt, und erkennt die Dunkelheit. Diese muss der Mensch erleben, um sich des Lichts bewusst zu werden. In der nordischen Mythologie ist ***Hel*** die dunkle Göttin, die über die Unterwelt herrscht, im Zuge der Christianisierung der Hölle zugeordnet.

Lilith: Göttin der sumerischen Mythologie.

Häufig als weibliches geflügeltes Mischwesen dargestellt.

Hel: In der nordischen Mythologie die Herrscherin der gleichnamigen Unterwelt.

Lob der Dunkelheit

Während - wie wir gelesen haben - Dunkelheit oft als gefährlich, verstörend, unheilvoll, unheimlich, ja sogar als unnatürlich empfunden wird, gibt es Menschen, die ein gänzlich anderes Verhältnis zur Dunkelheit haben. Diese Personen assoziieren mit Dunkelheit Geborgenheit, Einsamkeit, Schönheit, Ruhe, Stille und Frieden. Auch die reinigende und befreiende Wirkung der Dunkelheit wird gelobt. Menschen, die der Dunkelheit positiv gegenüberstehen, sind sich auch der mystischen, magischen und geheimnisvollen Wirkung der Dunkelheit bewusst. Auch eine berauschende und ekstatische Wirkung wird der Dunkelheit und der Nacht zugeschrieben.

Der Mensch ist in der Stille der Nacht üblicherweise nicht durch andere Begebenheiten und Personen abgelenkt, sodass er sich auf das Wesentliche und auf sein eigenes Wesen konzentrieren kann. Durch die Dunkelheit wächst die Sensibilität, durch die infolgedessen eingeschränkte Sehkraft werden die anderen Sinnesorgane, namentlich Gehör und Geruchssinn, geschärft. Wer einmal eine Wanderung in der Nacht gemacht hat, weiß um die Wirkung der Dunkelheit: Jedes noch so kleinste Geräusch wird wahrgenommen, das Rascheln im Gebüsch und in den Bäumen, das Rufen der Eule, das eilige Vorbeihuschen einer Maus.

Auch der Geruchssinn ist in der Dunkelheit geschärft. - hinzukommt, dass einige Pflanzen in der Nacht ihren Duft intensiver verströmen, bspw. die Nachtkerze und die Nachtviole, wie schon am Namen der Pflanzen ersichtlich ist. Wer hat nicht weiter im Spätherbst des nachts den Geruch von frischem Obst besonders intensiv inhaliert oder im Frühling den Duft des Flieders? Die Stimmung in der Nacht ist eine ganz eigentümliche, weshalb sich nicht wenige Menschen gerade von dem Reiz und dem Charme der Nacht angezogen fühlen.

Gerade bei Spaziergängen in der Dunkelheit, wird uns die Ruhe und der Frieden, den die Nacht ausstrahlen, auf ganz besondere Weise bewusst. Alles ist reduziert, die Hektik des Tages ist verflogen, der Mensch wird auf sich selbst zurückgeworfen, mit sich selbst konfrontiert. Damit besitzt die Nacht einen meditativen Charakter.

Die Dunkelheit ist auch die Stunde für Fantasie, Schöpfergeist und Kreativität. Gerade Schriftsteller arbeiten bevorzugt nachts, weil das Gehirn dann - wie man herausgefunden hat - unkonventioneller arbeitet, das Denken in Schubladen rückt in den Hintergrund. Während tagsüber das rationale, analytische und logische Denken überwiegt, gehört die Nacht der Fantasie, der Kreativität, den freien Gedankenströmen. So ist mehr Raum für Geistesblitze, Intuition und das Unterbewusstsein, was der Grund dafür ist, dass viele Kreative nachts erfolgreicher arbeiten. Träume und Wirklichkeit vermischen sich in der Dunkelheit, man sagt auch, dass wir nachts andere Menschen sind, da die Gedanken anders geartet sind.

In der Dunkelheit der Nacht ist der Mensch emotionaler, weniger fremdgesteuert, mehr bei sich und infolgedessen in seinem Denken und in seinen Entscheidungen weniger von anderen Menschen abhängig. Durch diese Abgrenzung können Blockaden abgebaut werden, infolgedessen trifft man - so ist der jetzige Stand der Wissenschaft - nachts bessere Entscheidungen.

Rauhnachtrituale für die heutige Zeit

Bei der Auswahl der Rituale geht es darum, die besondere Zeit zwischen den Jahren so zu gestalten, dass sich unser Leben nachhaltig zum Positiven verändert - dass wir also Altes und Belastendes über Bord werfen und ohne die Bürde dieser Altlasten das neue Jahr befreit und gestärkt begrüßen können.

In den Rauhnächten sind Rituale besonders kraftvoll, denn die feinstoffliche Ebene ist näher und die Wesenheiten der Anderswelt sind besser erreichbar. Beides kann insofern besser zu Ihnen vordringen, wenn Sie es nur zulassen, sich auf die Dunkelheit, die Stille und die Magie einlassen und Ihrer Seele erlauben, die Führung zu übernehmen.

Wie Sie die Rauhnächte begehen und erleben möchten, bleibt Ihnen überlassen. Sie sollten sich jedoch wohlfühlen. Wenn Sie bspw. etwas loswerden wollen oder sich befreien möchten, bietet es sich an, dies auf Zettel zu schreiben, welche in einer Räucherung oder über einer Kerze verbrannt werden. Auf die gleiche Weise entlassen Sie Wünsche und Vorsätze in die feinstoffliche Welt, um die Wirkung zu entfalten und zu manifestieren.

Es steht auch jedem frei, sich in den Rauhnächten verstärkt den Naturkräften zu widmen oder sich in den eigenen vier Wänden auf sich selbst zu besinnen. Es ist Ihre Seele, es sind Ihre Bedürfnisse und es ist Ihr Leben. Ebenso unterscheiden sich die Lebensauffassung und das Weltbild von Mensch zu Mensch. Ob Sie die Jungfrau Maria als Gottesmutter verehren, ob Sie sich eher Freya, oder einer beliebigen Göttin, einem Sonnengott, Mutter Erde oder dem göttlichen Funken in sich selbst zugetan fühlen, spielt keine Rolle. Viele Traditionen, Kulturen und Glaubensauffassungen finden andere Namen, meinen aber dasselbe.

Grundsätzlich helfen Rituale dabei, mit dem Unterbewusstsein, der Seele, dem Feinstofflichen sowie mit jenseitigen Wesenheiten in Kontakt zu treten. Rituale helfen bei der Überwindung der Barriere durch das Bewusstsein, sie können die Sinne öffnen und bestimmte Stimmungen, räumliche Atmosphären oder energetische Zustände schaffen.

Machen Sie sich zu jeder Rauhnacht Notizen. Das können Ihre Gedanken, Gefühle, Wahrnehmungen, Eindrücke, Erlebnisse und Träume sein. Die Rauhnächte bilden den Abschluss des vergangenen und die Basis des kommenden Jahres. Anhand Ihrer Notizen können Sie sich in jedem Monat des neuen Jahres auf die zugehörige Rauhnacht zurückbesinnen und deren Essenz mit ins Hier und Jetzt nehmen. Es kann ungemein erleichternd sein, zu verstehen, was aktuell um Sie herum geschieht, und inwieweit es Ihre Aufgabe ist, daran zu wachsen, oder aber einfach das Ihnen begegnende Glück als Frucht Ihrer Bemühungen anzunehmen.

Ein Altar als Kraftplatz und Erdung

Ihr Altar ist Ihr ganz persönlicher Kraftplatz, den Sie selbst gestalten. Idealerweise befindet er sich an einer Stelle, an der Sie sich immer ungestört zurückziehen können. Das kann in Ihrem Zuhause sein, aber auch in der Natur. Für die Rauhnächte empfiehlt es sich allerdings, den Altar in der Wohnung einzurichten. Winterwetter ist nicht die ideale Zeit für einen Altar unter freiem Himmel.

Idealerweise befindet sich Ihr Altar räumlich getrennt von Ihrem Arbeitsplatz. Sie brauchen keinen speziellen Tisch für Ihren Kraftplatz. So können Sie die Oberfläche einer Kommode problemlos zu einem Altar umfunktionieren. Edel wirkt eine schöne Unterfläche, beispielsweise ein Seidentuch oder Brokat. Kunstfasern sollten Sie jedoch nach Möglichkeit meiden.

Den Altar bestücken Sie mit Dingen, welche für Sie spirituelle Bedeutung haben. Kristalle, rituelle Gegenstände wie Amulette oder Schmuckstücke sind perfekte Utensilien für Ihren Kraftplatz. Statuen von Göttern, ein Buddha oder eine Figur von Jesus oder Mutter Maria passen ebenfalls perfekt, um Ihre Kraftquelle magisch aufzuladen.

Wichtig für die Ausstattung Ihres Altars sind auch Fotos. Ihr Altar sollte auf jeden Fall ein Bild von Ihnen zeigen und auch solche von Ihren Vorfahren, mit denen Sie sich am meisten verbunden fühlen. Dafür können Sie auch die Wand hinter dem Altar nutzen. Hier können Sie eine Collage von Familienbildern aufhängen, einen Thangka oder ein anderes Bild mit spiritueller Bedeutung für Sie.

Essenziell ist weiter, dass alle vier Elemente auf Ihrem Altar vertreten sind. Feuer platzieren Sie mit einer Kerze. Etwas Sand, Erde oder Salz in einer Schale repräsentieren das Element Erde. Räucherstäbchen oder eine Duftlampe stehen für das Element Luft. Ein schönes Glas kann Wasser enthalten. Frische Blumen in Wasser sind perfekt, um einem Altar magische Energie einzuhauchen.

Bild 17 - © depositphotos - JozefKlopacka
Ein Altar für die Rauhnächte

Das sind die Grundregeln für die Gestaltung eines Altars. Wie immer gilt auch hier: Erlaubt ist, was gefällt und was Sie als richtig empfinden.

Eine Sache sollten Sie jedoch auf jeden Fall beachten. Ihr Altar sollte immer staubfrei und sauber sein. Ein Altar hat eine kraftvolle Wirkung, weil er Sie mit seinem Anblick erfreut und positive Gefühle auslöst. Das beginnt bereits mit der sorgfältigen Pflege Ihres Kraftplatzes.

Ein **Thangka** (**tib.: thang ka, thang ga**) ist ein Rollbild des tantrischen Buddhismus. Es wird zur Meditation in Tempeln oder Hausaltären aufgehängt sowie bei Prozessionen mitgeführt.

Räucherungen

Räucherungen sind traditionelle Methoden, um feinstoffliche Grenzen zu überwinden. Rauch überwindet die Schranken zwischen den Dimensionen.

Am einfachsten geht das Räuchern mit einem speziellen Räuchergefäß und Kohletabletten. Sie können auch ein feuerfestes Gefäß (vorzugsweise aus Ton oder Messing) mit Sand füllen als Unterlage für die Kohle. Die kleinen Kohletabletten brennen etwa eine halbe Stunde. Das Räucherwerk legen Sie einfach auf die brennende Kohle, wenn diese eine weiße Ascheschicht gebildet hat. Meist dauert der Prozess 10 bis 15 Minuten, nachdem Sie die Kohle mit einem Feuerzeug oder Streichholz angezündet haben. Salbei und Wacholder vertreiben negative Energien und reinigen den Raum. Myrrhe und Weihrauch wirken dagegen klärend und energetisierend.

Sie können den Geist von Pflanzen auch mit einer traditionellen Duftlampe (mit Teelicht) und ätherischen Ölen verbreiten. Auf Ihrem Altar präsentieren Sie damit gleich drei Elemente: Feuer vom Teelicht, Wasser von der Schale der Lampe und das Aroma der Pflanze für die Luft. Achten Sie jedoch darauf, nur 100 % naturreine Öle aus biologischem Anbau zu verwenden.

Besonders wirksam wird die Räucherung, wenn Sie diese mit Klang kombinieren. Tibetanische Klangschalen oder Zimbeln eignen sich hervorragend. Sie können aber auch mit Ihrer eigenen Stimme nachhelfen, etwa, indem Sie ein Lied, Om oder andere Mantras singen.

Bild 18 - © depositphotos - Klanneke
Räucherung - hier Weihrauch auf Holzkohle

Schreiben Sie Ihre Gedanken und Erkenntnisse auf kleine Blätter. Idealerweise formulieren Sie 13 verschiedene Anliegen, jeweils eines für jede Rauhnacht und ein Resultat, welches Sie von dieser Zeit erwarten. Gehen Sie dabei nicht zu sehr ins Detail. Kurze Aussagen funktionieren am besten, beispielsweise: ***„Ich ehre meinen Körper voll und ganz mit Dankbarkeit."***

Im Tarot bezeichnet sie den Tod, den Übergang vom einem Seinszustand zum anderen. Man kann die 13 aber auch als die Folge von 12 betrachten: Wir vollenden die 12 Rauhnächte und erklimmen eine neue Stufe in unserem Bewusstsein.

In jeder Rauhnacht verbrennen Sie einen Wunsch in einem feuerfesten Gefäß. Mit dem Feuer verbreiten Sie den Wunsch in der Luft und transportieren ihn so in jeden Winkel Ihrer Existenz.

13 Wünsche und ihr magischer Zauber

Der Brauch, in den Rauhnächten 13 Wünsche zu formulieren, ist unter dem Hintergrund entstanden, dass dieser Zeit eine ganz besondere Magie innewohnt und dass Wünsche, die in diesen Tagen formuliert werden, besonders häufig in Erfüllung gehen.

Bereiten Sie für die Verwirklichung Ihrer persönlichen Wünsche 13 kleine Zettel vor, noch ehe die Rauhnächte beginnen. Sie können schon einige Tage vor Beginn der Rauhnächte mit dem Zusammenstellen Ihrer Wünsche anfangen, frühestens jedoch am 21. Dezember.

Formulieren Sie hierbei 13 Wünsche für das neue Jahr, welche Ihnen besonders am Herzen liegen. Diese Wünsche schreiben Sie auf.

Bei der Formulierung der einzelnen Wünsche sollten Sie sich Zeit lassen. Noch bevor Sie Ihre Wünsche für das neue Jahr schriftlich festhalten, sollten Sie zu diesen eine Verbindung auf der Gefühlsebene herstellen. Es ist wichtig, dass Sie Ihre Wünsche visualisieren, sich diesen mental öffnen. Wer fest an die Realisierung der Wünsche glaubt und diesen Leben einhaucht, handelt intuitiv richtig, denn wie wir wissen, schaffen Gefühle Realität.

Können Sie für den entsprechenden Wunsch Ihr Herz nicht öffnen, handelt es sich unter Umständen um keinen echten Seelenwunsch, der Ihnen möglicherweise gar nicht so wichtig ist, wie Sie vielleicht meinen.

Es ist ratsam, sich für die Formulierung der Wünsche an einen stillen Ort zurückzuziehen, an dem man Sie sich ganz auf seine Gedanken fokussieren können. So fällt es leichter, sich auf wirklich wichtige Wünsche zu konzentrieren und oberflächliche Bedürfnisse erst gar nicht aufkommen zu lassen. Eine wohltuende Atmosphäre - hier wären als Anregungen etwas Kerzenlicht und sanfte Melodien, Räucherungen sowie der Duft von naturreinen ätherischen Ölen zu nennen - trägt dazu bei, dass die Energien frei fließen können und wir Wichtiges vom Unwichtigen trennen können. Meist ist es auch hilfreich, einfach die Augen zu schließen, den sanften Klängen der Musik zu lauschen, den zarten Duft eines ätherischen Öles oder einer Räuchermischung einzuatmen, um den Kopf freizubekommen und sich ganz seinen Gedanken hinzugeben.

Vertrauen und folgen Sie Ihrer inneren Stimme, Ihrer Intuition, während Sie sich auf eine gedankliche Reise zu Ihrem eigenen Ich machen. Erst dann, wenn der immerwährende Gedankenstrudel in Kopf zur Ruhe gekommen ist, ist es möglich, seine Wünsche heraufziehen zu lassen. Denn nur ein leerer Geist ist in der Lage, klar zu sehen.

Sie können die Formulierung Ihrer Wünsche mit einer kleinen Meditation vergleichen, welche darauf abzielt, sich voll und ganz auf Ihre Wünsche zu konzentrieren. Mitunter braucht es einige Zeit, bis alle Wünsche formuliert sind und die 13 kleinen Zettel beschrieben sind. Nehmen Sie sich dafür die Zeit, die Sie brauchen. Niemand drängt Sie, lassen Sie keine Hektik aufkommen.

Wichtig ist hierbei, dass die Wünsche sowohl positiv als auch aktiv und in der Gegenwart formuliert werden. - Werden die Wünsche auf diese Weise formuliert, sind sie besonders kraft- und wirkungsvoll und werden so leichter zur realen Wirklichkeit. Schreiben Sie die Wünsche immer so auf, dass Sie sich gut damit fühlen.

Beispiel: ***„Ich freue mich auf jeden neuen Tag."*** oder ***„Ich fühle mich gesund und stark."*** Dies sind positive Wünsche, die im Präsenz formuliert werden. - Die entsprechende Formulierung für die Zukunft ***„Ich werde mich gesund und stark fühlen."*** hat eine nicht annähernd so kraftvolle und positive Reichweite.

Falten Sie die kleinen Zettel alsdann, sodass Sie den entsprechenden Text nicht mehr lesen können. Legen Sie die Zettel anschließend in eine kleine Kiste, in ein kleines Beutelchen oder auch in ein schönes Glas. Hier sind Ihrer Fantasie keine Grenzen gesetzt, denn es ist alles erlaubt und möglich, was Ihnen als Aufbewahrungsort gut gefällt und sicher erscheint. Der Ort der Aufbewahrung kann auch eine besondere Bedeutung für Sie haben oder aber Sie spüren eine besondere spirituelle Verbindung zu diesem Gegenstand.

Mit Beginn der 12 Raunächte entnehmen Sie einen der Zettel und legen Sie diesen ungelesen in ein feuerfestes Behältnis, um ihn zu verbrennen. Ziehen Sie in jeder Rauhnacht einen der gefalteten Zettel und verbrennen Sie ihn (ohne ihn noch einmal zu lesen). Ihr Wunsch wird ins Universum gegeben und wird sich in dem der Rauhnacht entsprechenden Monat erfüllen. Bedanken Sie sich anschließend dafür, dass Ihr Wunsch in Erfüllung geht. Mantras singen.

Bild 19 - © depositphotos - Valtekunne
Der Zettel des Tages wird jeweils verbrannt

Die Asche jedes verbrannten Zettels sollten Sie jeden Tag entsorgen. Sie können die Asche bspw. in den Garten oder in den Wald bringen und die Asche insofern den Kräften der Natur übergeben. Einige Leuten vergraben auch die Asche oder übergeben sie dem Wasser, welches eine enorme Kraftquelle ist. Vertrauen Sie auch hier Ihrer Intuition, die Ihnen den richtigen Weg zeigen wird.

Wichtig ist, dass Sie Ihren Wunsch so präzise wie möglich formulieren. Und schreiben Sie den Wunsch vorzugsweise so auf, als ob er gerade eben in Erfüllung gegangen ist.

„Ich bin total glücklich.", „Ich habe einen guten Freund, der mir zur Seite steht.", „Meine finanziellen Nöte sind vorbei.", oder ***„Mein Leben ist im vollkommenen Gleichgewicht."*** sind bspw. ideale Formulierungen. Sie sind klar und verständlich formuliert, Umschreibungen und Phrasen sind hier weder angebracht noch vonnöten.

Nachdem Sie in der letzten Rauhnacht den vorletzten Zettel verbrannt haben, greifen Sie nun zum letzten Wunschzettel. Hier verfahren Sie auf andere Weise: Öffnen Sie den letzten Wunschzettel und lesen diesen aufmerksam durch. Während die vorherigen Wünsche an das Universum übertragen wurden, sind Sie für diesen letzten Wunsch und für dessen Realisierung ganz allein verantwortlich. Das bedeutet, dass Sie sich diesen Wunsch in den kommenden Monaten selbst erfüllen müssen. Doch keine Sorge: Wenn Sie sich aktiv um die Verwirklichung des Wunsches bemühen, den Wunsch manifestieren und auf die Realisierung des Wunsches vertrauen, wird auch dieser Wunsch zur Wirklichkeit werden.

Der magische Hausputz...

...hat mit der alltäglichen Reinigung der eigenen vier Wände wenig zu tun und hat gerade - wie schon der Name sagt - in den Rauhnächten eine völlig andere Bedeutung. Denn beim magischen Hausputz geht es in erster Linie nicht um Unordnung im Kleiderschrank, offensichtliche Schmutzecken oder Kekskrümel, die sich auf dem Teppich verteilt haben. Vielmehr geht es darum, negative Energien aus den eigenen vier Wänden zu verbannen.

Eine allgemeine Sauberkeit und Ordnung im Haus hat sicherlich ihre Berechtigung, wirkt sich diese doch positiv auf unser Wohlbefinden aus.

Doch energetische Sauberkeit unterscheidet sich sehr stark vom üblichen Hausputz. Denn alles, was Sie - oder auch andere Personen - im Laufe der Zeit in Ihrem Zuhause tun, hinterlässt unwillkürlich gewisse energetische Rückstände. Lachen, Freude, Dankbarkeit, Selbstlosigkeit und ähnliche Emotionen erzeugen positive Energien. Doch auf der anderen Seite stehen Emotionen wie Traurigkeit, Ängste, Wut sowie Sorgen und melancholische Augenblicke, die sich als negative Energie entladen und sich in unseren Räumen festsetzen. Und so kraftvoll und energiegeladen positive Stimmungen und Energien auch sein mögen: Sie können nicht ein Übermaß an Beklemmung, Disharmonien, Ängsten und anderen negativen Energien kompensieren. Sicherlich haben auch Sie schon die Erfahrung gemacht, dass Sie sich in bestimmten Räumen - mag das Mobiliar auch noch so teuer und/ oder modern sein - Sie sich schlichtweg nicht wohlfühlen, ja Sie sogar von einem gewissen Unbehagen beschlichen werden oder sogar Ängste und Beklemmungen empfinden. Am liebsten würden Sie sich beim Betreten solcher Räume sofort wieder umdrehen, Fersengeld geben und die besagte Wohnung fluchtartig verlassen.

Andere Räume wirken wiederum einladend, sie strahlen Harmonie und Behaglichkeit und Freude aus, wir fühlen uns sofort heimisch.

Diese individuellen Erfahrungen gründen sich darauf, dass in manchen Räumen schlichtweg negative Energien gespeichert sind, welche wir unbewusst wahrnehmen. In anderen Räumen herrschen wiederum positive Schwingungen und Energien, sodass wir uns dort wohlfühlen.

Klar dürfte auch sein, dass gründliches Staubsaugen, Wischen und Putzen diese festsitzenden negativen Energien nicht entfernen kann. Denn diese negativen Emotionen und Energien stecken in allem fest, was uns umgibt - da diese Zustände auf der energetischen Ebene stattfinden, kann man sie weder ***„wegputzen"***, noch sind sie für das Auge sichtbar.

Deshalb sollte in den Rauhnächten der magische Hausputz praktiziert werden, um alles Alte, Belastende und das Seelenleben Störende zu entfernen und so frei für einen Neubeginn zu sein.

Das Räuchern hat in den Rauhnächten einen besonderen Stellenwert und wird auch beim magischen Hausputz angewandt. Denn durch das Räuchern können negative Energien gebündelt und anschließend verbannt werden, gleichzeitig können ungebetene Geister und Dämonen effektiv verbannt werden.

Für den magischen Hausputz sind entsprechende Vorbereitungen notwendig: Zunächst wischen Sie - vor dem eigentlichen Reinigungsritual - alle Räume in Ihrem Heim mit einem entsprechenden Schutzwasser aus (ideal ist Wasser, das natürliches Zitronenwasser und Kiefernöl enthält). Es bietet sich an, mit diesem Wasser auch Möbel, Türen, Fensterbretter und allerlei andere Ecken zu wischen, die im Allgemeinen gerne übersehen werden (Heizungskörper, Lampen, Kommoden usw.).

Für die Herstellung des Schutzwassers kann man auch zwei Esslöffel Kräuter - welche eine besondere Schutzwirkung besitzen - in einem Liter Wasser kochen. Lassen Sie die Mischung erkalten und seien Sie diese ab.

- ***Beifuß*** besitzt z. B. eine starke desinfizierende Reinigungswirkung auf der energetischen Basis, das Kraut vertreibt ferner Ängste und schützt allgemein vor drohendem Unheil.
- ***Brombeerblätter, Dill, Birkenblätter, Lorbeer, Johanniskraut*** und ***Basilikum*** sind weitere Kräuter, welche im selbst hergestellten Schutzwasser beim Reinigen der Räume eine sehr gute Wirkung entfalten.

Beim magischen Hausputz darf das Räuchern als traditionelles Reinigungsritual nicht fehlen - das Räuchern wird hierbei mit unterschiedlichen Kräuterbeigaben in den Räuchermischungen betrieben. Beim Räuchern können Sie auch verschiedene wirksame Kräuter nacheinander verwenden, um Ihre Räume auf optimale Weise energetisch zu reinigen. Ebenso können Sie zum Schutz Wacholderbeeren in Ihr Räuchergefäß geben und den Rauch in Ihrem Zuhause verteilen.

Für die Räucherungen beim magischen Hausputz benötigen Sie folgende Utensilien:

- Ein Räuchergefäß mit Griff (optional ist auch ein Weihrauchbrenner zum Schwenken möglich)
- Sand
- Räucherkohle
- Streichhölzer
- Kräuter, entweder als Räuchermischung oder einzelne Kräuter
- Feder oder kleiner Fächer

Bild 20 - © depositphotos - patrick.daxenbichler
Räucherkelch für den magischen Hausputz

13 ist eine transformative Zahl

Die Räucherung kann durch entsprechende Klänge oder Gesänge unterstützt werden. Wenn Sie selbst nicht singen möchten, können Sie sich eine kleine Trommel bereitlegen, um während des Rituals rhythmische Klänge zu erzeugen. (Falls Sie keine Trommel bzw. ein anderes passendes Musikinstrument haben, können auch Töpfe und Holzlöffel diesen Zweck erfüllen). Die von Ihnen erzeugten Klänge dienen dazu, Energien aufzuspüren, die sich in Ecken, im Gemäuer oder im Inventar über die Zeit festgesetzt haben.

Das Räucherritual sollte bei geschlossenen Fenstern wie folgt durchgeführt werden

- Füllen Sie Ihr Räuchergefäß etwa zu zwei Dritteln mit Sand. Setzen Sie dann die Räucherkohle in die Mitte und zünden Sie diese an.
- Beginnend bei der Wohnungs- oder Haustür werden zunächst die Energien geweckt. Hierzu gehen Sie mit der Trommel oder mit Ihrer Gesangseinlage durch alle Räume, sodass sich am Ende ein Kreis bildet. - Was bedeutet, dass Ihr kleiner Rundgang wieder an der Eingangstür endet. Gehen Sie dabei immer so nah wie möglich an der Wand entlang. Ihr Bauchgefühl wird Ihnen zeigen, ob es besser ist, linksherum oder rechtsherum zu gehen.
- Sollte Ihnen Ihre Intuition zeigen, dass ein Rundgang nicht ausreichend war, um alle Energien zu wecken, so beginnen Sie noch einmal von vorn.
- Wenn das Stück Räucherkohle nach etwa 15 Minuten durchgebrannt ist und glüht, so geben Sie die Räuchermischung aus verschiedenen Kräutern und Harzen auf die Kohle. Das gelingt meist mit einem kleinen Löffel recht gut, denn dadurch lässt sich die Mischung sehr gut dosieren.
- Beginnen Sie mit der Räucherreinigung ebenfalls an der Eingangstür und gehen dann langsam in der gleichen Reihenfolge - wie vorher bei der Energieerweckung - von Raum zu Raum.
- Zunächst stellen Sie sich in die Mitte des jeweiligen Raumes und lassen den Rauch langsam aufsteigen. Danach wenden Sie sich den Ecken zu, die sich im Raum befinden. Hier sollten Sie auch Mauervorsprünge und Nischen nicht vergessen.
- Um den Rauch besser und einfacher verteilen zu können, ist eine Feder oder ein kleiner Fächer sehr hilfreich.
- Abschließend werden alle Fenster nacheinander weit geöffnet, um den Rauch, und mit diesem alle negativen Energien entweichen zu lassen.

Zum Abschluss des magischen Hausputzes empfiehlt es sich, einen Schutzring mit Salz zu ziehen. Sie können hierzu eine kleine Schüssel mit Salz in jeden Raum in die Ecken stellen oder Sie bilden im Freien einen Schutzring aus Salz um Ihre Wohnung. Idealerweise sollten Sie den Schutzring aus Salz auf jedes äußere Fensterbrett sowie vor die Wohnungs- oder Haustür stellen. Erst danach können die Fenster wieder geschlossen werden.

Für alles ist ein Kraut gewachsen

Ob Sie sich nun eine Kräutermischung zusammenstellen oder einzelne Kräuter (nacheinander) räuchern, um Ihre vier Wände von negativen Energien zu befreien, bleibt Ihnen überlassen. Wichtig ist es jedoch, die passenden Kräuter zu räuchern. Welche Räuchermischungen sich in den 12 Rauhnächten am besten eignen, können Sie im Kapitel **„Zwölf Rauhnächte sind 12 Räuchernächte“** nachlesen.

Für das Reinigungsritual sind aber vor allem folgende Kräuter von Bedeutung

- **Weihrauch** (das Harz mehrerer Arten der Gattung **Boswellia**, v. a. **Boswellia sacra** und **Boswellia serrata**). Weihrauch gilt als atmosphärisches Reinigungskraut. Weihrauch (Olibanum) hat eine stark reinigende Wirkung, mit seiner starken Lichtstrahlung befreit es von dunklen Energien und zieht die guten Geister an.
- **Myrrhe** ist das Harz von **Commiphora Myrrha (lat.)**. Es hat eine desinfizierende, reinigende, heilende und klärende Wirkung. Das Harz wirkt bewusstseinserweiternd, schenkt Ruhe und verbindet Körper, Geist und Seele miteinander und bringt die einzelnen Komponenten ins Gleichgewicht. Myrrhe schafft eine Verbindung zur feinstofflichen Welt.
- **Wacholder** (**lat. Juniperus communis**). Der Wacholderstrauch gilt in vielen Kulturen als heiliger Strauch. Für Räucherungen werden das Harz, die Nadeln, die Zweigspitzen sowie die getrockneten Beeren verwendet. Wacholder entfaltet eine sehr starke Schutzfunktion. Daneben wirkt er reinigend und desinfizierend sowie vitalisierend und klärend.
- **Salbei** (**lat. Salvia officinalis**) wirkt stark desinfizierend. Er löst negative Energiefelder auf, und entfaltet kräftigende und stärkende Wirkungen in den entsprechenden Räumen.

Bild 21 - © depositphotos - cunaplus
Harz von Myrrhe

Bild 22 - © depositphotos - Melica
Zum Räuchern: Wacholderbeeren, Zweigspitzen und das Harz

Bild 23 - © depositphotos - teresaterra
Salbeipflanzen in voller Blüte

Bild 24 - © depositphotos - simoneandress
Verschiedene Weihrauchharze

Im Übrigen können Sie das Ritual der magischen Hausreinigung auch mit selbst hergestellten Räucherkugeln durchführen.

Ein Beispiel für eine solche Räucherkugel finden Sie untenstehend (optional sind natürlich auch andere Kräuter möglich):

Rezept für eine magische Räucherkugel

- 25 g Weihrauch
- 20 g Myrrhe
- 15 g Beifuß
- 15 g Johanniskraut
- 10 g Engelwurz
- 5 g Gummi arabicum

Herstellung

- Geben Sie alle Zutaten in einen Mörser, mischen Sie alles gut durch und zerkleinern Sie alles mit einem Pistill, bis alle Kräuter sehr fein zerkleinert sind.
- Fügen Sie alsdann etwa 20 ml Wasser hinzu, und vermengen Sie alles nochmals.
- Formen Sie nach Belieben kleine oder größere Kugeln.
- Lassen Sie die entstandenen Kugeln etwa einen Tag trocknen.
- Nun sind die Kugeln einsatzbereit. Sie können diese jetzt in ein Räuchergefäß platzieren, und sie anzünden.

12 Rauhnächte sind 12 Räuchernächte...

... denn in dieser kraftvollen und intensiven Zeit des Übergangs braucht es viel reinigenden und klärenden Rauch, um uns von negativen Energien zu befreien, um das Bewusstsein zu erweitern, um Altes loszulassen und einen Neuanfang zu wagen.

Magische Räuchermischungen...

...haben an jedem einzelnen Tag der Rauhnächte eine ganz besondere Wirkung auf uns und unsere Umgebung. Manche Räuchermischungen werden bei der Besprechung der einzelnen Rauhnächte erwähnt, da diese bei den unterschiedlichen Themen der jeweiligen Tage hilfreich sind. Auch die passenden Räuchermischungen für den magischen Hausputz wurden bereits vorgestellt.

Der Fundus an Räuchermischungen und einzelnen Kräutern ist aber noch lange nicht ausgeschöpft. - Es gibt noch viel mehr Kräuter und Räuchermischungen, die Sie für die unterschiedlichen Rituale in den einzelnen Rauhnächten nutzen können.

Im Folgenden sind einige Beispiele für Räuchermischungen für spezielle Zwecke aufgeführt.

- **Auflösen von Blockaden und negativen Emotionen**

  Mischen Sie Holunder, Nadeln des Wacholderstrauches, Beifuß, Campher und Weihrauch.

- **Räuchermischung für einen Neubeginn**

  In diese Räuchermischung gehören neben Lavendel auch etwas Menthol, Eisenkraut, Beifuß und Weihrauch.

Wenn Sie Räuchermischungen verwenden, können Sie zum einen fertige Räuchermischungen kaufen.

Oftmals entfalten aber die selbst gesammelten und getrockneten Kräuter eine weitaus bessere Wirkung, insbesondere wenn hochwertige Ausgangsstoffe verwendet werden und die Kräuter vorschriftsmäßig gesammelt und getrocknet werden. Allerdings sollten Sie Räuchermischungen nur selbst herstellen, wenn Sie die entsprechenden Kräuter kennen und auch ausreichende Kenntnisse bzgl. Verarbeitung und Trocknung der Kräuter besitzen.

- **Engelwurz** - Eignet sich zur Beseitigung von Angstzuständen oder negativen Energien, die damit im Zusammenhang stehen.
- **Beifuß** - Desinfizierende Wirkung. Hilft sehr gut gegen Ängste sowie beim Loslassen von Altlasten und bei Ritualen zum Neubeginn.
- **Eisenkraut** - Verhilft zum Glück. Unterstützt Klarheit und Kreativität. Sorgt dafür, dass Sie sich an Ihre Träume erinnern.
- **Fichtenharz** - Wirkt desinfizierend und keimtötend. Beseitigt negative Energien nach einem Streit, bei Eifersucht oder bei Neid. Besonders gut eignet sich dieses Harz zur Hausreinigung, wenn Sie in ein neues Zuhause einziehen.
- **Lavendel** - Wirkt desinfizierend und eignet sich zur Reinigung. Lavendel wirkt stark beruhigend und entspannend sowie schlaffördernd.
- **Rosmarin** - Eignet sich sehr gut, um negative Energien abzuwehren und Altes und unnötigen Ballast loszulassen. Darüber hinaus fördert Rosmarin die Kreativität, die Begeisterungsfähigkeit sowie die Konzentration. Kreislaufanregend und erfrischend. Unterstützt einen Neubeginn.
- **Weißer Salbei** - Besitzt eine sehr starke Reinigungswirkung, tötet Keime ab und wirkt desinfizierend. Negative Energien werden beseitigt, wodurch sich mehr Ruhe einstellen kann. Der Mensch lässt Stress nicht mehr an sich heran, ***„Durchatmen“*** und ***„freies Atmen“*** sind wieder möglich.
- **Wacholder** - Schutzpflanze gegen alles Negative schlechthin. Reinigende Wirkung auf die Atmosphäre, sorgt für eine gute Atmosphäre und verbannt ***„vergiftete“*** Stimmungen. Körper und Geist werden offen für visionäre Erfahrungen.

Welche Räuchermischung für Ihre Rituale oder Ihr persönliches Wohlbefinden optimal ist, richtet sich nach dem Zweck und dem Ziel, das Sie mit einer Räuchermischung verfolgen möchten. Auch hängt die Wahl der Mischung davon ab, wo Sie gerade stehen und welche Schwierigkeiten Sie in Ihrem Leben zu meistern haben bzw. ob Sie gerade von seelischen oder mentalen Beschwerden heimgesucht werden. Die Wahl der Räuchermischung ist also immer individuell und richtet sich nach den aktuellen Schwerpunkten in Ihrem Leben.

Leiden Sie bspw. an innerer Unruhe oder Angstzuständen, dürfen Lavendel und Engelwurz in der entsprechenden Räuchermischung nicht fehlen. Geht es Ihnen jedoch vornehmlich darum, negative Energien abzuwehren, benötigen Sie eher Rosmarin, Fichte, Salbei und Wacholder sowie Weihrauch.

Darüber hinaus hängt es aber natürlich auch von Ihren ganz persönlichen Vorlieben ab, welche Räuchermischung Sie anwenden möchten. Die einzelnen Bestandteile einer Räuchermischung sollten Ihnen - unabhängig von deren tatsächlichen nachgewiesenen Wirkungen - persönlich guttun, Sie sollten sich bei der Räucherung wohl fühlen. Wenn Sie ein Kraut oder eine Pflanze mit positiven Gefühlen verbinden, wird die entsprechende Wirkung bei einer Räucherung nochmals um ein Vielfaches positiver ausfallen.

Die magische Wirkung der Meditation

Der magischen Wirkung der Meditation kommt in den Rauhnächten eine ganz besondere Bedeutung zu. Denn wenn sich alles zunehmend in Dunkelheit hüllt und sich um uns herum eine wohltuende Stille ausbreitet, sind dies beste Voraussetzungen, um zu meditieren. In der Zeit des Übergangs, in welcher sich die Tore zur Anderswelt weit öffnen, kommt es auch darauf an, der eigenen Achtsamkeit noch mehr Bedeutung zu schenken. Die Achtsamkeit kann wiederum mithilfe von Meditationen ausgesprochen gut geschult werden. Außerdem führen meditative Handlungen zur Klarheit des Geistes und zur Reinigung der Gedanken - ein Umstand, der uns gerade an den Tagen zwischen den Jahren besonders zugutekommt.

Denn der Jahreswechsel ist - wie wir gelesen haben - eine Zeit der Reinigung, des Wandels und des Neubeginns. Hier helfen Meditationen uns dabei, klarer zu sehen, den Geist zu leeren, die Gedanken zu ordnen, achtsamer zu werden. So können wir Altes und Überholtes loslassen, Frieden und Ruhe finden und befreit und voller Zuversicht in die Zukunft schauen. Auf diese Weise sind ein Neubeginn und das Beschreiten von neuen Pfaden möglich.

Tratak - Die Lichtmeditation

Unter Lichtmeditationen versteht man verschiedene Meditationstechniken, bei der Licht eine Rolle spielt. Bei bestimmten Formen der Lichtmeditation stellen Sie sich Licht vor, welches in Sie hineinströmt.

Auch Tratak ist eine Form der Lichtmeditation, welche man auch als Kerzenstarren bezeichnet. Bei dieser Art der Lichtmeditation stellt man eine Kerze in einer Entfernung von ca. zwei bis vier Meter vor sich, etwas unter Augenhöhe. Dann schauen Sie etwa eine Minute in die Kerze hinein, schließen alsdann die Augen, und beobachten anschließend bei geschlossenen Augen, welche Bilder oder Gefühle in Ihnen aufsteigen. Sie können den Vorgang etwa drei- bis fünfmal wiederholen. - Dies ermöglicht ihnen, Ihr inneres Licht zu spüren, auch Ruhe und Geborgenheit können bei dieser Form der Meditation erfahren werden.

Genau genommen ist Tratak eine Vorstufe der Meditation, bei welcher der Geist auf ein bestimmtes Objekt - eine Kerze - fokussiert wird. Auf diese Weise wird die Konzentration geschult, man lernt, den Geist zu fokussieren und die Gedanken nicht abschweifen zu lassen. Auf diese Weise gelangt man zu immer mehr Ruhe sowie zu einer freudvollen und erhabenen Erfahrung. Gerade für Anfänger bietet sich diese Form der Meditation an, da sie einfach zu erlernen ist und diese Form der Meditation von vielen Menschen als beglückend erlebt wird.

Die Traktak-Meditation bietet sich gerade für die ersten Rauhnächte an, weil die wohltuende und wärmende Praktik dem Menschen zu Ruhe und Achtsamkeit verhilft.

Durchführung der Lichtmeditation

- Suchen Sie sich zunächst einen ruhigen Platz, an dem Sie völlig ungestört sind.
- Stellen Sie in einer Entfernung von etwa 150 cm bis 200 cm eine Kerze auf und zünden Sie diese an.
- Nehmen Sie auf einem Kissen den Meditationssitz ein oder aber eine andere angenehme Position. Es ist wichtig, dass Sie die ganze Flamme sehen können.
- Schauen Sie nun ungefähr eine Minute mit starrem Blick in die Flamme. Bewegen Sie sich dabei nicht und versuchen Sie, zur Ruhe zu kommen und das bewusste Denken komplett auszuschalten. Ihre Atmung ist dabei tief und verlangsamt sich mit jedem Herzschlag.
- Dann schließen Sie die Augen und versuchen Sie zu erkennen, was sich Ihnen an inneren Bildern oder Emotionen offenbart. Lassen Sie sich so viel Zeit, wie nötig.
- Sind die Bilder und Gefühle beim ersten Mal nicht eindeutig, wiederholen Sie die Übung ruhig mehrere Male.
- Sie spüren, wie sich in Ihnen eine tiefe Ruhe und Entspanntheit ausbreitet, während Sie ruhig und langsam weiter atmen.
- Alles, was sich vor dem inneren Auge visuell oder gefühlt zeigt, sind Motive, die entweder losgelassen werden möchten oder aber es sind Themen, die im kommenden Jahr für Sie von Bedeutung sind.

Variante der Lichtmeditation

Bei einer anderen Form der Lichtmeditation - der ursprünglichen Form der Lichtmeditation, die nicht als Tratak bezeichnet wird - stellt man sich vor, dass Licht durch Ihr ganzes Wesen hindurchstrahlt.

Durchführung

- Setzen oder legen Sie sich in einer sehr bequemen Haltung an einen Platz, wo Sie ungestört sind und sich wohlfühlen.
- Schließen Sie die Augen und konzentrieren Sie sich auf Ihre Atmung. Atmen Sie langsam und tief ein und aus, Ihr Brustkorb hebt und senkt sich. Spüren Sie, wie der Atem seinen Weg durch Ihren Körper sucht und findet.
- Ihre Gedanken werden ruhiger und ziehen langsam hinweg, wie die Wolken am Himmel.
- Wiederholen Sie diese bewusste Atemübung so lange, bis sich in Ihrem Kopf und vor Ihrem inneren Auge nur noch ein wolkenloser blauer Himmel breit macht. - ohne dass Sie mit einem einzigen Gedanken an irgendeinem Thema hängenbleiben. Ihr Geist ist gedanken-leer.
- Nun atmen Sie tief und langsam ein, wobei Sie sich vorstellen, dass mit jedem Atemzug Licht in Ihren Körper eindringt. Das Licht drängt vom Kopf aus sanft vorwärts, bis es durch Ihren Körper bis zu den Zehenspitzen und zu den Fingerspitzen gelangt.
- Sie spüren, wie sich eine angenehme Wärme in Ihnen ausbreitet.
- Beim Ausatmen verfolgen Sie das Licht, das nun aus Ihrem Körper strömt und sich einem anderen Wesen zuwendet. Das kann eine Person aus Ihrer Familie oder Ihrem Freundeskreis sein. Es kann aber auch eine Gruppe von lieben Menschen in Ihrem Umfeld sein, der Sie auf diesem Wege Ihr Wohlwollen, Ihre Empathie und Ihre lichtgewordene Liebe schicken.
- Sie werden sich bei dieser Übung zunehmend ruhig und geborgen fühlen und zugleich eine starke positive Energie verspüren. Nutzen Sie diese Energie, um sich auf das zu fokussieren, was für Sie auch im kommenden Jahr besonders wichtig sein wird.

Es ist empfehlenswert, sich für die besonders intensive und kraftvolle Zeit der Rauhnächte einen festen Meditationsplatz auszuwählen. Es sollte ein Ort der Ruhe und Entspannung sein, wo Sie auch alle Utensilien, die Sie eventuell benötigen, liegen lassen können. Zudem wird dieser Ort jeden Tag positive Energien sammeln, wenn Sie ihn mit Liebe ausschmücken und gemütlich gestalten. Weiche Kissen, luftige Schleier oder Gardinen, Kerzen, angenehme Düfte und sanfte Musik sind weiter Gestaltungselemente, die Ihr persönliches Wohlbefinden an diesem Ort fördern. Durch tägliche Meditationen wird der Ort Ihr ganz persönlicher Platz werden, an dem Sie Kraft tanken, Klarheit gewinnen sowie zu Ruhe und Entspannung finden werden.

Flüche und negative Energien verbannen

So manche schlechte Erinnerung der letzten Monate oder auch unerreichte Lebensziele haben sich wie Dämonen in uns und unserem Bewusstsein festgesetzt. Unbemerkt haben sich die damit verbundenen negativen Energien in unser Leben geschlichen, was für viele von uns bedeutet, dass wir erst jetzt, in der Zeit des Innehaltens und der Stille, darauf aufmerksam werden.

Flüche und negative Energien, die sich auch durch andere nachteilige Ereignisse im Leben festgesetzt haben, können Sie mit den folgenden Ritualen in den Rauhnächten loswerden.

Der Apfelbann

Sie benötigen: Einen Apfel, Rosmarin, Wacholder, Nelken, ein schwarzes Band, Steckhölzer vom Holunder

- Zerstoßen Sie etwas Rosmarin und Wacholder in einem Mörser.
- Zerschneiden Sie dann den Apfel in zwei Hälften und bestreichen Sie die beiden Innenseiten mit den breiigen Zutaten aus dem Mörser.
- Danach spicken Sie die Apfelhälften mit einigen Nelken und legen die Hälften wieder aufeinander.
- Mit einer schwarzen Schleife umwickeln Sie den Apfel.
- Gehen Sie mit dem Apfel in die Natur und vergraben Sie diesen an einem entlegenen Platz.
- Mit den Steckhölzern des Holunders - Holunderholz eignet sich bestens für bannende Riten - legen Sie nun entweder ein Pentagramm über die Stelle, wo der Apfel ruht. Alternativ können Sie die Steckhölzer zu einem Kreis ordnen. In beiden Fällen werden Flüche gebannt.

Ganz wichtig ist bei diesem Ritual, dass Sie sich bereits bei der Vorbereitung sehr bewusst darüber sind, was Sie genau bannen möchten. Zudem ist es oftmals sehr hilfreich, wenn Sie sich im Nachgang dabei bildlich vorstellen, wie der Apfel in der Erde langsam verwest und das Fruchtfleisch zersetzt wird. Genauso zersetzen sich auch alle uns anhaftenden negativen Energien.

Auch die Schleife wird sich langsam lösen und alsdann neben den pflanzlichen Überresten in der Erde vermodern. In Ihrer Vorstellung wird in jeder Phase dieses Prozesses die negative Energie oder der Fluch immer schwächer, bis alles verschwunden ist.

Das gebrochene Ei

Alles, was Sie für dieses Ritual brauchen, ist lediglich ein Ei.

- Nehmen Sie das Ei in die linke Hand und versuchen Sie, zu erspüren, ob es sich gut und richtig anfühlt. Kommt Ihnen das Ei dagegen eher wie ein Fremdkörper vor, versuchen Sie es einfach mit der rechten Hand.
- Schließen Sie die Augen und fokussieren Sie sich auf alles, was Ihnen derzeit Unbehagen und Missmut bereitet. Konzentrieren Sie sich weiter auf das, was Sie auf irgendeine Weise blockiert oder von dem Sie wissen, dass es mit negativen Energien behaftet ist.
- Sprechen Sie diese Dinge ruhig und der Reihe nach aus und bitten Sie das Ei in Ihrer Hand jedes Mal darum, Ihnen das Übel abzunehmen. Lassen Sie los, verbannen Sie alles Übel.
- Mit der Zeit werden Sie spüren, dass das Ei in Ihrer Hand zunehmend schwerer wird. In diesem Fall hören Sie einfach auf.
- Gehen Sie nun mit dem schwer gewordenen Ei in Ihrer Hand raus in die Natur.
- Buddeln Sie ein Loch und zerbrechen Sie das Ei, sodass dessen Inhalt in dieses Erdloch hineinfließen kann.
- Werfen Sie auch die Eierschale in dieses Loch und schaufeln Sie es wieder zu.

Haben Sie anschließend das Gefühl, dass Sie noch immer von Negativem umgeben sind, wiederholen Sie das Ritual ruhig einige Male. Und zwar so lange, bis Sie das Empfinden haben, nun ist alles gesagt und alles Übel verbannt. Sie fühlen sich nun befreit und gelöst.

Beide Rituale zur Verbannung von negativen Energien und Flüchen wirken besonders gut, wenn Sie diese in einer Nacht praktizieren, in der sich der Mond in der abnehmenden Phase befindet.

Das magische Dankbarkeitsritual

Dankbarkeit ist nicht nur eine simple emotionale Reaktion, sondern bestenfalls eine Lebenseinstellung, die eng mit Lebensfreude und Glück verknüpft ist. Viel zu oft richten wir den Blick auf den scheinbaren Mangel in unserem Leben, und konzentrieren uns auf Dinge, die in unserem Leben fehlen. Wer sich bewusst in Dankbarkeit übt und auch die kleinen Dinge des Lebens schätzen lernt, wird mehr Zufriedenheit, Gelassenheit und Glück erfahren.

Durchführung des Dankbarkeitsrituals

- Ziehen Sie sich an einen ruhigen Ort zurück, an dem Sie ungestört darüber nachdenken können, für welche Dinge/ Emotionen/ Personen/ Situationen Sie dankbar sind.
- Schreiben Sie jeden Tag etwa 20 Themen auf und lenken Sie dabei all Ihre Aufmerksamkeit auf jede einzelne Begebenheit und jede Situation, für die Sie dankbar sind.

In etwas abgewandelter Form können Sie auch ein Glas mit kleinen und großen Dankbarkeiten füllen. Stellen Sie hierzu zu Beginn des neuen Jahres ein schön dekoriertes Glas auf. Sammeln Sie darin alle kleinen und großen Augenblicke, für die Sie im Laufe des Jahres dankbar sind, in Form von Notizzetteln. In der Silvesternacht werden dann alle Zettel hervorgeholt und im Kreis der Familie laut vorgelesen. Sie werden erstaunt sein, wie viele Momente des Glücks und der Dankbarkeit es für Sie gegeben hat.

Magische Rituale zum Loslassen…

…unterstützen uns dabei, uns emotional und gedanklich von Emotionen und Situationen zu trennen, die uns im letzten Jahr belastet, geärgert oder behindert haben. Das können zum einen Kränkungen, Verluste, seelische Verletzungen und Sorgen sein, die wir als Ballast mit uns herumtragen. Es können aber auch schlechte Angewohnheiten, negative Einstellungen, Krankheiten oder ungünstige Lebensumstände sein, die man loslassen will.

Zettel zerreißen und/ oder verbrennen

Dieses Ritual lässt sich sehr einfach bewerkstelligen und infolgedessen kann es auch häufig angewendet werden. Oftmals summieren sich in unserem Leben negative Emotionen oder andere Dinge, die wir gerne loswerden möchten, da diese in unserem Leben nur störender Ballast sind und uns oft daran hindern, glücklich zu werden. Mitunter können diese Dinge uns auch daran hindern, den Blick und das Herz für das Wesentliche zu öffnen.

- Überlegen Sie in aller Ruhe, welche Angewohnheiten, negative Einstellungen, Menschen, Erinnerungen und dergleichen Sie gern loslassen möchten.
- Notieren Sie auf einem kleinen Zettel mit wenigen Worten, um was es Ihnen geht.
- Verbrennen Sie jeden Tag in den ersten sechs Rauhnächten einen dieser Zettel.

Die Magie der Knoten

Die Knotenmagie ist eines der ältesten und kraftvollsten Rituale, um loszulassen und sich von negativen Gefühlen, Personen oder Dingen zu ent-binden. Mit dem Ritus können Sie loslassen, was Sie stört, negativ beeinflusst, in Ihrer Entwicklung hindert oder ungute Gefühle in Ihnen wachruft. Die spirituelle Energie wird durch das Knüpfen des Knotens gebunden und erst durch das Lösen des Knotens wieder freigesetzt.

Durchführung des Rituals

- Nehmen Sie eine stabile Schnur, die ausreichend lang ist.
- Fokussieren Sie auf all jenes, was Sie als negativ empfinden. Das können Verbindungen zu anderen Personen, unschöne Erinnerungen, weiter schlechte Angewohnheiten und Einstellungen sein.
- Sprechen Sie alles Negative laut aus und machen Sie dabei einen Knoten in die Schnur. Fahren Sie fort, bis alles, wovon Sie sich lösen möchten, in Form eines Knotens auf der Schnur sichtbar ist.
- Nun formulieren Sie möglichst klar und deutlich, in welcher Weise Sie sich von den einzelnen negativen Emotionen/ Personen/ Dingen lösen möchten.
- Sprechen Sie auch das wieder laut aus, und zwar mit fester Stimme. Dabei lösen Sie den entsprechenden Knoten wieder aus der Schnur.

Haben Sie alle Knoten gelöst, entsorgen Sie die Schnur wie folgt:

- Ist es ein sehr drängendes Problem, das Sie loswerden möchten, verbrennen Sie die Schnur.
- Geht es um etwas, das Sie nur zögerlich loslassen können oder wollen, werfen Sie die Schnur in einen Fluss.
- Wollen Sie etwas nur sehr langsam loswerden, vergraben Sie die Schnur.

Mitunter werden Sie es auch gar nicht selbst in der Hand haben, ob sich etwas schnell oder langsam von Ihnen loslassen lässt. Denn es gibt Dinge, die bedürfen eines etwas längeren Zeitraumes der Umsetzung. Wenn Sie beispielsweise viele offene Rechnungen haben, sowohl materiell als auch immateriell, kann es oftmals länger dauern, bis diese alle beglichen sind. In den Rauhnächten geht es aber darum, erst einmal damit zu beginnen, etwas zu begleichen oder loszulassen. Den Rest bringt die Zeit üblicherweise mit sich.

Feurige Rituale…

…haben gerade in den Rauhnächten eine nahezu unbändige Kraft, denn ihnen wohnt eine transformierende Stärke innen, die kaum ein anderes Naturelement dergestalt bieten kann. Vielleicht ist es auch die Widersprüchlichkeit, die dem Feuer selbst entspringt. Während es alles vernichten kann, ist es zugleich jenes Element, durch das Neues entstehen kann. Dieses Neue, welches aus der Feuersbrunst entstanden ist, schafft es, die Schleier des Alltäglichen zu durchdringen, um sich seinen eigenen Raum in unserem Leben zu suchen.

Die Feuerzeremonie

Für dieses Ritual benötigen Sie Schreibpapier, einen Stift und einen Platz, an dem Sie ein Feuer entfachen können. Haben Sie dafür keine Möglichkeit im Garten, genügt auch eine Kerze in einem feuerfesten Gefäß (vorzugsweise aus Ton oder Messing) oder eine kleine Feuerschale.

Durchführung des Rituals

- Schreiben Sie zunächst jene Dinge auf, die Sie belasten und Ihren Seelenfrieden stören. Dabei brauchen Sie keineswegs zimperlich sein, sondern können emotionsgeladen jene Worte wählen, die Ihnen gerade in den Sinn kommen. (Sind es mehrere Dinge, von denen Sie sich lösen wollen, nutzen Sie verschiedene Blätter.)
- Lassen Sie sich nicht ablenken und unterbrechen Sie ihre Handlung nicht. Vertiefen Sie sich stattdessen mit jeder Faser Ihres Denkens und Handelns auf dieses Tun.
- Anschließend entfachen Sie ein kleines Feuer.
- Ist das Feuer entfacht, beginnen Sie damit, jede einzelne Notiz laut zu lesen. Halten Sie den Zettel anschließend mit einer Ecke ins Feuer. Hat das Blatt Papier Feuer gefangen, sprechen Sie Worte zum Abschied wie zum Beispiel: ***„Unsere Wege trennen sich nun. Gehe hinfort und kehre nie zurück."***

Magische Botschaften...

...erhalten wir während der 12 Rauhnächte auf vielfältige Weise. Sehr häufig werden uns diese in Träumen übermittelt. Andere finden den Weg in Form eines tiefen Gefühls oder einer Vorahnung zu uns. Viele dieser magischen Botschaften stammen indes von den Ahnen, weswegen es eine alte Tradition ist, ein Licht ins Fenster zu stellen. Kerzen, Lichterschmuck und andere Utensilien zeigen den Vorfahren den Weg zu uns und halten gleichzeitig die bösen Geister fern.

Das Ahnentischchen

In den Rauhnächten unterstützt uns ein Ahnentischchen (siehe auch oben), bereit für die magischen Botschaften der Ahnen zu sein.

- Dekorieren Sie einen kleinen Tisch mit frischen Tannenzweigen, etwas Moos und Bergkristallen.
- Zünden Sie für jeden verstorbenen Angehörigen eine Kerze auf diesem Tischchen an. (Wenn Ihnen das unter Umständen zu viele Kerzen sind, können Sie sich auch auf jene Ahnen beschränken, die Ihrer Meinung nach den meisten Einfluss auf Sie und Ihre persönliche Entwicklung genommen haben.)
- Achten Sie darauf, dass diese Kerzen in der gesamten Zeit der Rauhnächte nicht ein einziges Mal verlöschen. Aus diesem Grund bieten sich Grabkerzen an, da diese eine lange Brenndauer haben.

Das Traumtagebuch

Ihre Träume werden in den Raunächten mitunter besonders intensiv sein, was nicht verwunderlich ist, geben sie doch einen Ausblick auf das, was vor Ihnen liegt. Nicht alle Träume werden jedoch die magischen Botschaften enthalten, nach denen Sie vielleicht Ausschau halten. Sie wissen selbst, wie verwirrend manchmal Träume sein können. Aber es ist wichtig, dass Sie möglichst jede Traumsequenz aufschreiben.

Idealerweise liegen ein Traumtagebuch und ein Stift neben Ihrem Bett, sodass Sie nach dem Erwachen die noch frischen Erinnerungen sofort notieren können. Überbewerten Sie aber zunächst nichts davon, was sich in Ihren nächtlichen Traumphasen abspielt. So kann erfahrungsgemäß nicht jeder Traum sofort interpretiert werden. - oft wird erst in den kommenden Monaten deutlich, welche Botschaft im Traum versteckt war.

Träume zu interpretieren ist zwar spannend, aber nicht immer einfach. So hat nicht jedes Symbol für jeden Menschen die gleiche Bedeutung. Wenn Sie zum Beispiel von einem kleinen Kind träumen, kann das für Sie den Hinweis enthalten, dass es in Ihrem Leben einen Neuanfang geben wird. Bei einer anderen Person kann dieses geträumte Menschenkind jedoch auch darauf hinweisen, dass es im kommenden Jahr Phasen geben wird, in welcher das innere Kind stärker zutage tritt.

Bild 34 - © depositphotos - Syda_Productions
Das Traumtagebuch am Bett im griffbereit halten

Magische Rituale in freier Natur…

…sind in der Übergangszeit vom alten zum neuen Jahr sehr wirkungsvoll. Dies ergibt sich zum einen aus der Tatsache, dass die Rauhnächte selbst eine starke Verbundenheit zur Natur besitzen, andererseits können wir Menschen sehr viel Kraft aus der Natur schöpfen.

Waldspaziergang

Unternehmen Sie einen ausgedehnten Spaziergang durch den Wald oder durch Felder, die weit genug weg vom Großstadtlärm entfernt sind.

- Atmen Sie die kalte Winterluft tief ein und langsam wieder aus.
- Gehen Sie in einem Schritttempo, das Ihnen angenehm ist. Sie sollten aber auf keinen Fall zu schnell laufen, denn Sie möchten die Schönheit der Natur bewusst wahrnehmen.
- Während Sie laufen, versuchen Sie, den Kopf frei zu bekommen. Lassen Sie überflüssige Gedanken entfliehen.
- Konzentrieren Sie sich auf Ihre Emotionen und beobachten Sie diese.
- Suchen Sie sich nun beim ruhigen Weitergehen für jedes dieser Gefühle ein passendes Symbol in der Natur. Spüren Sie Frohsinn und Aufbruchstimmung in sich, kann es beispielsweise eine starke Knospe sein, die bereits darauf wartet, dass es wieder wärmer wird, damit sie sich weiterentwickeln kann. Fühlen Sie sich eher zerbrechlich und angreifbar, kann das entsprechende Symbol vielleicht der zarte Ast einer Hecke sein. Werden Sie von einem Gefühl der Stärke und des Glücks beseelt, dürfte ein Stein oder ein starker Baum ein gutes Symbol sein, um diese Emotion bildlich auszudrücken.

Bild 25 - © depositphotos - kasanka
Ritueller Waldspaziergang

Selbstreflexion

Einen ausgedehnten Spaziergang in der Natur können Sie auch in abgewandelter Form unternehmen.

- Nehmen Sie gleich zu Beginn Ihres Spaziergangs einen Stock und halten Sie diesen fest in der Hand.
- Lassen Sie Ihren Gedanken freien Lauf, während Sie einen Schritt vor den anderen setzen und die kühle Winterluft tief ein- und ausatmen. Lassen Sie die vergangenen Monate gedanklich Revue passieren.
- Achten Sie dabei darauf, welche Gedanken in Ihnen gute oder aber negative Gefühle bzw. ein schwaches Unwohlsein hervorrufen.
- Tritt eine negative Erinnerung oder ein störender Gedankenfetzen in Ihr Bewusstsein, bleiben Sie kurz stehen.
- Konzentrieren Sie sich auf diesen Gedanken und das damit verbundene negative Gefühl.
- Nutzen Sie die Kraft Ihrer Vorstellung und blasen Sie diesen Gedanken auf den Stock in Ihrer Hand. Tun Sie dies am besten so lange, bis Sie das Gefühl haben, sich von diesem Gedanken vollständig gelöst zu haben.
- Suchen Sie dann einen Platz, an dem Sie ein Feuer entzünden können, zerbrechen Sie den Stock und speisen Sie damit die Flammen.

Orakeln als magisches Ritual...

Vielleicht haben Sie es ja selbst schon praktiziert, das Bleigießen. Als willkommene Abwechslung zum Jahreswechsel obliegt es letztlich der eigenen Fantasie, aus den teils bizarren Formen des erstarrte Metalls Vorhersagen für die Zukunft zu treffen. Ob Liebe, Erfolg oder Glück, den Möglichkeiten der Interpretation sind kaum Grenzen gesetzt. Auch wenn die Tradition des Bleigießens aufgrund gesundheitlicher Bedenken seit dem Jahr 2018 offiziell verboten ist, lebt der Brauch in leicht abgewandelter Form (Zinn-, Wachs-, oder Teiggießen) ungehindert fort.

Bei genauerer Betrachtung dieser Tradition, die heute bestenfalls als Gesellschaftsspiel in illustrer Runde wahrgenommen wird, beinhaltet das Bleigießen jedoch mehrere Aspekte, welche sich mit den uralten Riten der Rauhnächte in Einklang bringen lassen.

Zunächst ist es das Bedürfnis der Menschheit, einen kurzen Blick in die Zukunft werfen zu können, welche hier zutage tritt, und nur eine von unzähligen Spielarten der Wahrsagerei während der Rauhnächte repräsentiert. Der Zeitpunkt selbst erscheint ideal: Die Geschicke des neuen Jahres sollen am letzten Tag des alten ergründen werden. Doch liegen die Ursachen für diese Tradition tatsächlich tiefer.

Jede Form der Wahrsagerei macht es zunächst nötig, Grenzen zu überschreiten, die unter normalen Umständen geschlossen bleiben. Antike Orakel beispielsweise forderten nicht selten Opfergaben ein, um eine Vorhersage erst möglich zu machen. Neben diesen Geschenken an die Götter, welche häufig wohl auch als Tribut an die Priesterschaft angesehen werden durften, schloss das Überschreiten von Grenzen zur Anderswelt auch das Vorhandensein magischer Gegenstände, Rituale und Abläufe ein, deren zeitliche Gegebenheiten gewährleistet sein mussten. Periodisch auftretende Ereignisse im Zuge des Jahreszyklus wurden dabei ebenso herangezogen, wie außergewöhnliche, unerwartet auftretende Naturphänomene.

Auch im Falle des eingangs erwähnten Bleigießens ist der 31. Dezember kein zufällig gewählter Tag. Vielmehr fällt der letzte Tag des scheidenden Jahres in eine, von magischem Treiben durchsetzte Nacht, welche seit jeher als Zeit des Übergangs angesehen wird, und eine Überschreitung von Grenzen in die Anderswelt zulässt.

Die Magie hinter dem Bleigießen mag für die meisten unter uns noch in lebhafter Erinnerung sein, denn dieses weithin bekannte Ritual wurde selbst in jenen Freundeskreisen und Familien praktiziert, die sich überhaupt nicht mit der Bedeutung der Rauhnächte identifizieren konnten.

Wunderbare Alternativen zum Bleigießen, die es uns ebenso ermöglichen, am Silvesterabend einen Blick in die Zukunft zu wagen

Wachsgießen und Wachsorakel

Sie brauchen hierfür genügend Wachs, einen Löffel, eine Kerze und eine Wasserschale.

- Geben Sie einige Stücke des Wachses auf den Löffel und lassen Sie das Wachs über der Kerzenflamme schmelzen.
- Gießen Sie dann das flüssige Wachs in die Wasserschale.
- Entnehmen Sie die kleine Wachsfigur oder Form und suchen Sie nach einem Hinweis darauf, was das neue Jahr für Sie bereithält.

Orakeln und Gummibärchen

Diese Alternative zum Bleigießen wurde von dem deutschen Autor Dietmar Bittrich erfunden und ist keineswegs nur bei den Kindern beliebt.

- Geben Sie ausreichend Gummibärchen in fünf verschiedenen Farben in eine große Schüssel.
- Jeder Teilnehmer des Orakels zieht nun mit geschlossenen Augen fünf der süßen Bärchen und legt sie vor sich ab.
- Deutungen sind dem ***„Bärchen-Orakel“*** im Internet zu entnehmen.

Aus dem Kaffeesatz lesen

Die sehr alte Tradition des ***„Kaffeesatz lesen"*** stammt aus dem Osmanischen Reich, von wo die Tradition ab dem 17. Jahrhundert ihren Weg nach Europa fand. Die Praxis aus dem Kaffeesatz - also aus den Überresten des getrunkenen Kaffees - zu lesen, hat sich bis heute bewährt, um Vergangenes zu deuten, Gegenwärtiges besser zu verstehen und Hinweise auf Zukünftiges zu erhalten. Für das Lesen des Kaffeesatzes benötigt man Mokka - bei normalem Filterkaffee bleibt bekanntermaßen wenig Kaffeesatz in der Tasse übrig. Um einen Kaffeesatz lesen zu können, muss man sich also einen türkischen Mokka zubereiten. Der Mokka wird in einer speziellen Mokkakanne zubereitet. Hierzu wird starkes Mokka-Kaffeepulver mit Zucker (üblicherweise ein Teelöffel Mokka auf die gleiche Menge Zucker) und Wasser in der Kaffeekanne aufgekocht. Am Anfang wird umgerührt, dann wird weiter aufgekocht, bis sich Schaum bildet. Alsdann wird die Mokkakanne vom Herd genommen, bis sich der Schaum zurückbildet. Der ganze Prozess wird dreimal wiederholt, infolgedessen ein immer kräftiger Schaum entsteht. Gewürze wie Kardamom, Piment oder Zimt geben dem Mokka eine besondere orientalische Note.

Der fertige Mokka wird alsdann entspannt und genüsslich getrunken, der Kaffeesatz wird nicht getrunken, da dieser für das Kaffeeorakel gebraucht wird.

- Nachdem Sie den Kaffee in Ruhe getrunken haben, legen Sie eine Untertasse auf Ihre Kaffeetasse, drehen beides zwei- bis dreimal kurz herum. Wenn die Untertasse erkaltet ist, wird die Kaffeetasse gehoben. Nun schauen Sie sich den Rückstand an, den der Kaffeesatz in Ihrer Tasse hinterlassen hat.
- Die Deutung ist eine eher abstrakte Angelegenheit, denn oft lassen sich keine klaren Formen im Kaffeesatz erkennen. Dennoch beinhaltet er viele Hinweise auf die Vergangenheit, Gegenwart und Zukunft.

Bild 26 - © depositphotos - logoff
Kaffeesatz lesen

Kleiner Tipp: Auch Karten und anderes lässt sich gut zum Orakeln verwenden. Alles dient dazu, einen vorsichtigen Blick in die Zukunft zu werfen, intuitiv neue Impulse zu finden und für die eigenen Vorsätze die richtigen Entscheidungen zu treffen.

Odins Weisheit für die Rauhnächte

Unsere hiesigen Rauhnächte stehen im Zeichen der germanischen Tradition und weisen damit starke Einflüsse von Skandinavien auf. Odins wilde Jagd macht in den Rauhnächten den Himmel unsicher, sodass Menschen die dunkle Zeit am besten zu Hause am heimeligen Herd verbringen. Traditionsgemäß zählen die Runen zu den bevorzugten Orakelmethoden in der Zeit zwischen den Jahren.

Der nordische Gott Odin gilt als der Herr der Runen. Die Legende sagt, dass er zuerst neun Tage und Nächte kopfüber am Weltenbaum Yggdrasil hängen musste. Erst nach dieser Tortur konnte er die Runen sehen - eingeritzt in den Stamm der Weltenesche. Gleichzeitig erkannte er ihre symbolische Bedeutung.

Die Hávamal, ein Teil der nordischen Liedersammlung Edda, beschreibt in 164 Strophen, wie Odin dieses Wissen errungen hat. Er betrachtete von seiner Festung Asgard die drei Nornen, die Schicksalsgöttinnen. Sie schnitzten die Runen in den Stamm der Weltenesche, denn so konnten sie die neun Welten lenken und das Schicksal beeinflussen. Um sich dieses Wissens würdig zu erweisen, hängte sich Odin in Yggdrasil auf.

Nach neun Tagen des Hängens hörte Odin, wie ihm die Runen ihre Geheimnisse offenbarten. Fortan konnte er Magie ausüben, Kranke heilen und Feinde bannen. Dafür musste er sich in einen Zustand zwischen Leben und Tod begeben. Tatsächlich sehen die Initiationsriten für Schamanen in vielen Kulturen eine Konfrontation mit dem Tod vor.

Glücklicherweise müssen wir uns nicht in Todesgefahr begeben, um in den Rauhnächten unser spirituelles Wissen zu erweitern und einen Wandel zum Positiven herbeizuführen. Wir können die Weisheit von Jahrtausenden esoterischer Tradition nutzen, um für uns passende Rituale zu entwerfen.

Hinweis

Bezüglich der im Folgenden gemachten Ausführungen darf die Leserin/ der Leser darauf vertrauen, dass die Autorin große Sorgfalt darauf verwendet hat, dass die Angaben in diesem Buch dem aktuellen Erkenntnisstand entsprechen.

Die Erkenntnisse sind jedoch niemals statisch, sondern unterliegen einem fortlaufenden Entwicklungsprozess. Alle Angaben können von daher immer nur dem aktuellen Wissensstand zum Zeitpunkt des Erscheinens des Buchs entsprechen. Deshalb kann die Autorin für die gemachten Angaben keinerlei Verantwortung und Gewähr übernehmen.

Die Durchführung der in diesem Buch empfohlenen Anwendungen und Rituale erfolgt auf eigene Gefahr des Benutzers/ der Benutzerin. Ebenso erfolgen Räucherungen, Zeremonien, Orakel usw. auf eigene Gefahr des Benutzers/ der Benutzerin.

Die Autorin übernimmt keine Haftung für Personen-, Sach- und Vermögensschäden aufgrund der Ausführung der hier erteilten Ratschläge.

Vorbereitung für die Rauhnächte

Finden Sie einen bewussten Einstieg in diese besondere Zeit. Erledigen Sie bereits in den Tagen davor alles, was noch vor Jahreswechsel erledigt werden muss, sodass Sie sich an den magischen Tagen ganz sich selbst widmen können.

Wichtig ist in diesem Zusammenhang:

- Geben Sie ausgeliehene Gegenstände an ihre Besitzer zurück.
- Begleichen Sie evtl. Schulden bzw. geben Sie geliehenes Geld Freunden und Verwandten wieder.
- Erledigen Sie sämtliche Einkäufe und Besorgungen, sodass Sie ganz entspannt in die ruhige Phase des Jahres starten können.
- Reinigen Sie ganz bewusst und sorgfältig Ihre Wohnung bzw. Ihr Haus.
- Besorgen Sie sich Räucherutensilien wie einen Mörser, ein feuerfestes Gefäß, Kohle und Räuchermischungen bzw. -kräuter. Eventuell gibt es in Ihrem Haushalt eine schöne selbstgetöpferte Schale oder ein Schüsselchen, das Sie verwenden können?
- Vielleicht möchten Sie beginnen, ein Tagebuch bzw. ein Traumtagebuch zu führen? Suchen Sie sich ein besonders schönes Buch aus, legen Sie einen passenden Stift oder Füller bereit. In den ersten Tagen notieren Sie vielleicht lediglich einige Stichworte, gegen Ende der Rauhnächte darf alles mehr und mehr in den Fluss kommen - Gedanken, Gefühle, Worte. Spüren Sie, was niedergeschrieben werden darf.

- Richten Sie sich zu Hause Ihre kleine Ecke bzw. Ihren kleinen Altar ein. Das muss kein eigenes Zimmer im Haus oder der Wohnung sein, wichtig ist, dass Sie ungestört sind und sich an diesem Platz wohl und heimisch fühlen. Legen Sie sich außerdem einen schönen Stein, einen Glücksbringer, eine Kerze, Engels- oder Orakelkarten bereit - bringen Sie an diesen Ort, Ihren Kraftplatz, alles, was Sie anspricht und was Sie in den nächsten zwölf Nächten begleiten soll.
- Einen aromatischen Badezusatz, duftende Kerzen, Räucherstäbchen und leckere Tees - legen Sie diese wohltuenden Dinge bereit bzw. besorgen Sie diese noch mit den letzten Weihnachtseinkäufen. Düfte versetzen uns in eine ganz besondere Stimmung - so nehmen wir beispielsweise durch den Geruch der getrockneten Sommerkräuter aus dem zu Ende gehenden Jahr noch mal die Gefühle von Wärme und Leichtigkeit wahr.
- Vielleicht möchten Sie den Einstieg in die Rauhnächte bewusst mit einer kurzen Meditation und/oder einem Gebet beginnen? Legen Sie sich Ihr Meditationskissen oder ein anderes kleines, festes Kissen bzw. eine gefaltete Decke an Ihren Kraftplatz. Sobald Sie etwas erhöht sitzen, darf die Wirbelsäule sich wie von selbst ausrichten und die ganze Haltung wird - innerlich wie äußerlich - aufrechter und zentrierter.

Machen Sie sich klar, weshalb es für Sie wichtig ist, sich in dieser Zeit Ihrer eigenen Seele und dem Sich-ganz-Einlassen zu widmen. Dies geschieht am besten losgelöst von jeglicher Erwartungshaltung und frei von Erfolgsdruck, was passieren soll. Ab jetzt geht es nur noch um die Hingabe an alles, was sich auf einer tieferen Ebene zeigen darf.

Jede Rauhnacht steht sinnbildlich für einen Monat des neuen Jahres. Die erste Rauhnacht steht für den Januar des kommenden Jahres, die zweite für den Februar usw. Jede Rauhnacht ist ferner mit einem übergeordneten Thema verbunden (bspw. die Familie/unsere Wurzeln, die Liebe und die Verbindung mit dem eigenen Herzen).

Nehmen Sie sich Zeit für die Reflexion einiger Fragen, um sich optimal auf die Heiligen Nächte vorzubereiten:

- Was war in diesem Jahr besonders schön?
- Was durfte ich lernen, was erfahren?
- Was habe ich begonnen, was hat mir große Freude bereitet? Und was durfte ich abschließen?
- Mit welchen Menschen habe ich mein Jahr verbracht? Wie ist mein Gefühl, wenn ich an sie denke?
- Was möchte ich in diesem Jahr noch gerne abschließen? Was möchte ich aus unterschiedlichen Gründen (nicht) in das neue Jahr mitnehmen?

Für das Zelebrieren der einzelnen Rauhnachtsrituale gibt es im Übrigen nicht die eine ideale Uhrzeit. In unserer heutigen Zeit hängt dies stark von unserem Lebensstil, unseren Verpflichtungen und unserem familiären Umfeld ab. Sind die Kinder beispielsweise gewohnt, um 20.00 Uhr ins Bett gebracht zu werden, so ist es sinnvoll, die Rituale anschließend und in Ruhe durchzuführen. Ist man gewohnt, früh ins Bett zu gehen, schließt man die Rituale bis zum Zubettgehen zur gewohnten Uhrzeit ab und beginnt vielleicht schon bei Beginn der Dunkelheit mit den Ritualen.

Bevor Sie die erste Rauhnacht zelebrieren, nehmen Sie sich 13 kleine Kärtchen oder Zettelchen zur Hand (Eine ausführliche Beschreibung finden Sie im Kapitel **„13 Wünsche und ihr magischer Zauber“**). Schließen Sie die Augen und formulieren Sie 13 konkrete Wünsche für das neue Jahr. Schreiben Sie diese Wünsche anschließend auf die 13 Kärtchen, falten Sie diese zusammen und geben Sie diese in ein Gefäß oder in eine Schale, die Sie auf Ihren Altar bzw. zu Ihren Rauhnachtsutensilien geben.

Nehmen Sie in der ersten Rauhnacht eines der Kärtchen, ohne es zu öffnen und ohne es zu lesen. Übergeben Sie das Kärtchen anschließend dem Feuer (geben Sie es in Ihren Kamin, wenn Sie einen besitzen, verbrennen es draußen in der Natur oder geben es zur Glut Ihrer Räuchermischung). Führen Sie dieses Ritual in jeder einzelnen Rauhnacht fort und geben Sie somit Ihre Wünsche an eine höhere Macht ab. Bitten Sie die Götter auch ausdrücklich in jeder Nacht um die Erfüllung Ihrer Wünsche. Nach der zwölften Rauhnacht ist noch ein letztes Kärtchen übrig. Lesen Sie diesen Wunsch ganz bewusst - für seine Erfüllung sind Sie alleine verantwortlich, für die zwölf anderen dagegen eine höhere Macht.

Wann sind die Rauhnächte?

Die Rauhnächte sind im Volksglauben ein vage definierter Zeitraum - In einigen Gegenden beginnen sie am 21. Dezember, in den meisten Regionen aber am 24. oder 25. Dezember. Häufig endet mit dem Dreikönigstag diese Zwischenzeit und das neue Jahr kann sich endgültig entfalten. Je nach Region und vorhandenen Quellen gibt es unterschiedliche Angaben zu Anzahl und Beginn bzw. Ende der Rauhnächte. So fallen die Rauhnächte in Schlesien auf die zwölf Nächte vor Weihnachten, in Franken hingegen und auch im restlichen Bayern beginnen die Rauhnächte meist am Heiligabend.

Einige regionale Traditionen der Alpenregion zählen anders und kennen z. B. nur drei Rauhnächte oder beginnen mit der Thomasnacht am 21. Dezember. In diesem Brauchtum enden die Rauhnächte dann am Neujahrstag am 1. Januar.

Überregional gelten folgende Tage im Volksglauben als die wichtigsten Rauhnächte:

- 21. Dezember: Thomasnacht; als Tag der Wintersonnenwende zugleich auch der kürzeste Tag bzw. die längste Nacht des Jahres
- 24. Dezember: Heiliger Abend
- 31. Dezember auf 1. Januar: Silvesternacht
- 6. Januar: Dreikönigstag (Erscheinung des Herrn, in, einigen Regionen aber vor allem auch der Tag der Frau Holle bzw. das Ende der Rauhnächte)

Im christlichen Glauben hingegen nimmt man als erste Rauhnacht meist den Heiligen Abend auf den 25. Dezember an. Früher galt der 25. Dezember als der höchste Feiertag, der Tag von Mithras, dem Sonnengott und Lichtbringer. Dieses Datum wurde von der Kirche im 4. Jahrhundert n. Chr. als Datum für die Geburt Jesu übernommen. Nach dieser Berechnungsmethode enden die Rauhnächte also am 6. Januar, dem Tag der Heiligen drei Könige.

In diesem Buch verwenden wir den Zeitraum vom 24. Dezember bis zum 5. Januar. Es ist selbstverständlich Ihnen überlassen, welches Datum Ihnen sinnvoll und passend erscheint. Spüren Sie hier gerne in sich hinein, welche Zeitqualität sich für Sie stimmig anfühlt.

Nun - sind Sie bereit?

- 24.-25. Dezember **1.Rauhnacht**
  Die Verbindung mit unseren Wurzeln
- 25.-26. Dezember **2. Rauhnacht**
  Spirituelle Führung und Verbindung mit unserem eigenen Selbst
- 26.-27. Dezember **3. Rauhnacht**
  Herzöffnung
- 27.-28. Dezember **4. Rauhnacht**
  Bewusstes Innehalten
- 28.-29. Dezember **5. Rauhnacht**
  Blick in unser Umfeld
- 29.-30. Dezember **6. Rauhnacht**
  Verabschieden & liebevoll loslassen
- 30.-31. Dezember **7. Rauhnacht**
  Vorbereitung für den Übergang
- 31. Dez.-1. Jan. **8. Rauhnacht**
  Neubeginn & Hoffnung
- 1.-2. Januar **9. Rauhnacht**
  Licht und Segen
- 2.-3. Januar **10. Rauhnacht**
  Mit Kraft ins Tun kommen
- 3.-4. Januar **11. Rauhnacht**
  Werden und Vergehen
- 4.-5. Januar **12. Rauhnacht**
  Nacht der Wunder - der Kreis schließt sich
- 6. Januar
  Dreikönigstag und Abschluss der Rauhnächte

1. Rauhnacht | 24.-25. Dezember | Die Verbindung mit unseren Wurzeln

Heute beginnen die Rauhnächte. Nehmen Sie sich Zeit für eine kurze Innenschau: Wie haben Sie Heiligabend verbracht? Mit wem? Feierten Sie im Kreis Ihrer Lieben oder allein? Ist Ihnen Heiligabend vielleicht gar nicht so wichtig und Sie haben diesen Tag verbracht wie jeden anderen auch? Ihre Gedanken sollten nur eine kurze Reflexion sein, versuchen Sie, jegliche Bewertung außer Acht zu lassen.

Die erste Rauhnacht steht sinnbildlich für die Familie, unsere Ahnen, für unsere Wurzeln und für das Fundament unseres Lebens. Um sich auf das Thema einzustimmen, visualisieren Sie das Bild eines Baumes mit tiefen, festen Wurzeln oder gehen Sie nach draußen in Ihren Garten oder in den Wald und lehnen Sie sich an einen Baum oder umarmen Sie diesen.

Stellen Sie sich die kraftvollen Wurzelstränge vor, aus denen Sie jederzeit Stabilität und Energie schöpfen können. Sie können sich auch Ihre eigenen Wurzeln, Ihre Familie, vorstellen. Was durften Sie mitnehmen in Ihr Leben, welches Fundament durfte sich schon in Ihrer Kindheit bilden und wachsen? Woher ziehen Sie Ihre Energie, Ihre Kraft? Was stützt und trägt Sie? Hüllen Sie dieses Bild in ein schönes, goldenes Licht, wie einen Mantel, der Sie sanft umschließt.

Yoga-Übung *„Der Baum"* (Vriksasana)

Der Baum ist tief verwurzelt in der Erde. Auch wenn der Sturm tobt - der Baum hält stand, nichts kann ihn zu Fall bringen. Genauso führt die Yoga-Übung ***„Der Baum"*** zu Standfestigkeit und tiefer Verwurzelung mit der Erde, weiter verhilft sie zu Ruhe und Kraft.

- Stellen Sie sich gerade und aufrecht mit geschlossen Füßen hin. Atmen Sie ein paarmal tief ein und aus.
- Strecken Sie die Arme seitlich aus, verlagern Sie das Gewicht auf das rechte Bein. Heben Sie den linken Fuß an und drehen Sie das Knie so weit wie möglich nach außen. Legen Sie den linken Fuß an die Innenseite des rechten Oberschenkels.
- Strecken Sie die Arme leicht angewinkelt nach oben, schließen Sie die Hände über dem Kopf.
- Halten Sie den gesamten Körper gespannt, und doch geschmeidig. Auch der Bauch ist gespannt.
- Halten Sie diese Stellung etwa 15 Sekunden.
- Wiederholen Sie die Übung mit dem anderen Bein.

Die Übung ***„Der Baum"*** stärkt den Gleichgewichtssinn und verbessert die Haltung. Weiter hilft sie, auf seelischer Ebene Zielorientiertheit und Entschlossenheit zu entwickeln.

Wurzeln schlagen wie ein Baum

Stellen Sie sich vor, Sie schlagen wie ein Baum tiefe Wurzeln in den Boden. Sie stehen fest verankert im Boden, nichts kann Sie aus dem Gleichgewicht werfen. Nehmen Sie Ihren festen Stand wahr und Ihre Verbundenheit zur Erde. Stellen Sie sich vor, Sie nehmen - wie ein Baum - Nährstoffe und Wasser über die Wurzeln in Ihren Körper auf. Spüren Sie, wie die Nährstoffe und das Wasser Ihnen Energie, Vitalität und Wohlbefinden schenken. Strecken Sie langsam und achtsam die Arme nach oben und spüren Sie gleichsam das Licht und die Wärme der Sonne auf ***„Ihren"*** Zweigen und Blättern. Nehmen Sie bewusst wahr, welche Kraft und Stärke sowie Frieden und Entspannung Ihnen durch diese Übung zuteilwird. Atmen Sie tief und ruhig.

Ritual des Tages

Zünden Sie sinnbildlich für jedes Ihrer Familienmitglieder und/ oder für diejenigen Menschen, die sich für Sie nach Familie anfühlen, eine Kerze an.

Beispiele für mögliche Tages-Fragen

Was geschah Anfang dieses Jahres im Monat Januar? Wo habe ich diese Zeit verbracht. An was kann ich mich besonders präsent erinnern?

Wie genau habe ich das neue Jahr begonnen? Welche Gefühle hatte ich und an welchem Punkt stand ich damals im Leben?

Was sind meine familiären Wurzeln? Sind sie stark? An welcher Stelle braucht es vielleicht ein versöhnendes Wort, eine liebevolle Geste?

Kenne ich die Geschichte(n) meiner Familie, meiner Ahnen? Wenn nein, von wem könnte ich sie erfahren?

In welchem Bereich meines Lebens halte ich vielleicht an alten Gewohnheiten fest, die es nicht mehr braucht? Wo darf ich mich liebevoll lösen?

Welche Weichen möchte ich für das Jahr, das vor mir steht, stellen?

Mit wem möchte ich das neue Jahr verbringen, mit wem den Start teilen?

Worauf möchte ich meine Energie, meinen Fokus lenken? Was ist es wert, dass ich mich damit beschäftige?

Notieren Sie gerne Fragen, die für Sie besonders wichtig sind und auch die Antworten dazu, in Ihr Tagebuch. Sobald wir Themen und Dinge nicht nur reflektieren, sondern mit unserer eigenen Handschrift notieren, sind diese viel präsenter. Sie können jederzeit in Ihrem Tagebuch zum Eintrag des Vortages zurückblättern und/ oder nehmen Sie in den Rauhnächten des Folgejahres noch einmal das Tagebuch des vergangenen Jahres zur Hand. Häufig erinnert man sich anhand der Einträge an so vieles Wertvolles - an Erkenntnisse, an Eindrücke der damaligen Zeit, an Glaubenssätze.

Weitere Rituale

Vielleicht möchten Sie außerdem in alten Familienalben blättern, haben den Impuls, alte Karten und/oder Briefe nochmals hervorzuholen und zu lesen. Vielleicht möchten Sie auch einem für Sie wichtigen Menschen danken, mit einer Karte oder einem Anruf - für die Wurzeln und die Stabilität, die er oder sie Ihnen schenkt. Wenn die Person nicht mehr unter uns auf der Erde ist, so richten Sie ein stilles Gebet des Dankes an die Person.

Zünden Sie außerdem schöne Kerzen an, bereiten Sie sich eine Tasse würzigen Tee zu, die Bestandteile können z. B. Zimt, Nelken, Kardamom, Orangenschalen oder Ingwer sein. Dimmen Sie das Licht, schalten Sie Ihr Handy aus und kommen Sie ganz in der Ruhe und bei sich an.

Mit Altem abschließen

In dieser Nacht kommt es darauf an, dass Sie sich und Ihre Gedanken sowie Gefühle auf das Wesentliche fokussieren. Mitunter kann das bedeuten, dass Sie die eigenen Geister vertreiben müssen, um sich von veralteten Vorstellungen trennen zu können und zu den eigenen Wurzeln zurückzufinden.

In diesem Zusammenhang treten auch Fragen nach dem ***„woher"*** und dem ***„wohin"*** in den Mittelpunkt. Diese erste Nacht des Übergangs legt im Grunde das Fundament für zukünftiges Handeln. Doch zunächst geht es darum, loszulassen und innere Blockaden zu erkennen und zu beseitigen.

Um leichter mit Altem abschließen zu können und den Blick für das Wesentliche zu schärfen, können Sie wie folgt meditativ agieren:

- Nehmen Sie an einem ruhigen Ort in entspannter Haltung Platz.
- Beginnen Sie mit einem bewussten und tiefen Ein- und Ausatmen. Üben Sie so lange, bis Sie spüren, wie Ruhe Ihren Körper und Geist durchflutet.
- Ist dies gelungen, stellen Sie sich bei jedem tiefen Atemzug des Einatmens vor, wie Sie positive Energien in sich aufnehmen.
- Beim langsamen Ausatmen stellen Sie sich vor, wie Unnützes und Belastendes abgestoßen werden.

Wichtig ist hierbei, dass Sie sich bereits im Vorfeld darüber klar geworden sind, was Sie über Bord werfen möchten. Ist es vielleicht eine schlechte Erinnerung an die letzte Begegnung mit einem alten Freund, die nicht Ihren Erwartungen entsprach? Oder ist es der Streit mit einem Ihrer Liebsten, bei dem Vorwürfe ausgesprochen wurden, welche Sie bis heute emotional gefangen halten? Möglicherweise ist es auch eine alte und ungeliebte Angewohnheit, die Sie gedanklich verbannen möchten. Was immer es auch ist, genaue Überlegungen im Voraus helfen Ihnen dabei, bei der Meditationsübung alles gut vor Ihrem geistigen Auge zu sehen, um es dann mit jedem ausgestoßenen Atemzug von sich zu schieben.

Richtiges Räuchern

Sie benötigen ein feuerfestes Gefäß, Räucherkohle (bitte nur diese nehmen, mit der üblichen Grillkohle funktioniert es nicht), Streichhölzer oder ein Feuerzeug, die (gekaufte) Räuchermischung oder selbst gesammelte und getrocknete Kräuter und etwas Sand oder kleine Steinchen in einem separaten Gefäß, um später die Glut wieder zu löschen.

Brechen Sie zunächst eine Scheibe oder ein Stück der Räucherkohle ab, zünden Sie es an, warten Sie, bis es knistert (es entsteht ein Geräusch, ähnlich einer brennenden Wunderkerze) und legen Sie es dann in die feuerfeste Schale. Je nach Größe der Kohle dauert es ca. fünf Minuten, bis die Kohle genug Glut produziert hat, um die Kräutermischung darauf geben zu können (Vorsicht, lieber erst nur eine bis zwei Prisen nehmen, damit die Kohle nicht direkt erstickt wird). Können Sie schon den leicht harzigen Geruch wahrnehmen?

Die Räuchermischung für die 1. Rauhnacht

Die Räuchermischung besteht hauptsächlich aus Myrte, Sternanis, Eisenkraut, Kalmuswurzel, Fichtenharz, Erdrauch und Kiefernharz.

In anderen Ratgebern zu den Rauhnächten werden Sie möglicherweise andere Kräuter(-mischungen) für die erste Rauhnacht finden. Welche sprechen Sie an? Vielleicht haben Sie auch die Möglichkeit, den Geruch der Kräuter in einem Laden, in dem alle erwähnten Kräuter geführt werden, zu testen. In allen Mischungen für die erste Rauhnacht sollte jedoch der harzige Anteil der Mischung hoch sein. Dies symbolisiert den Baum und seine Wurzeln.

Alternativ können Sie sich auch eine Räucherbox für die Rauhnächte mit sämtlichem Zubehör im Esoterikladen Ihrer Stadt zusammenstellen lassen. Auf diese Weise sind Sie für jeden Tag perfekt ausgerüstet, haben keinen Aufwand damit, Kräuter zu mischen oder immer die richtige Mischung zu verwenden. Weiter laufen Sie so keine Gefahr, wichtiges Zubehör nicht besorgt zu haben.

Meditation für die 1. Rauhnacht

Finden Sie eine bequeme Meditationshaltung - nutzen Sie hierfür ein Meditationskissen, einen Yogablock, eine Decke, die Sie mehrmals falten, oder ein Meditationsbänkchen. Nehmen Sie einen angenehmen, aufrechten Sitz ein. Atmen Sie einige Male tief durch die Nase ein und wieder durch die Nase aus. Kommen Sie ganz bei sich an und sinken Sie mit jedem Ausatemzug etwas tiefer und feiner in Ihre eigene Welt ein.

Stellen Sie sich Ihre Wurzeln vor, aus denen Sie Ihre Kraft schöpfen, die Sie hält und trägt. Welche Stürme haben Sie schon überstanden, die Sie Kraft gekostet haben, die Sie aber dennoch gestärkt zurückgelassen haben? Was tut Ihnen gut, welche Menschen verbinden Sie mit guten Gefühlen und Gedanken? Erleben Sie diesen Prozess freundlich und achtsam. Wenn Ihnen danach ist, bedanken Sie sich bei Ihren Eltern - für das, was sie Ihnen mitgegeben haben und dafür, was Sie heute sind.

Fragen Sie sich weiter: Was darf ich bei mir selbst noch heilen? Was möchte ich gerne loslassen, was mir nicht mehr nützt oder sich nicht mehr stimmig anfühlt. Wovon kann ich mich verabschieden, um Raum für Neues zu schaffen?

Stellen Sie sich nun ein großes Wintersonnwendfeuer vor. Hell, leuchtend, reinigend erscheint es vor Ihrem Auge. Geben Sie diverse Themen, überflüssigen Ballast und alle Zweifel, von denen Sie sich unwiederbringlich verabschieden möchten, sinnbildlich ins Feuer und übergeben Sie diese den Flammen und somit einer höheren Macht.

Dann kommen Sie sanft aus Ihrer Meditation zurück. Wenn Ihnen danach ist und Sie die Wirkung noch verstärken möchten, entzünden Sie selbst ein kleines Feuer - vielleicht im Garten, auf dem Balkon, in einer kleinen Schale im Zimmer oder im Kamin. Beobachten Sie die Flammen und nehmen Sie die reinigende Wirkung wahr.

Weiteres Ritual für die sinnbildliche Reinigung

Nehmen Sie ein schönes Bad mit sinnlichen ätherischen Ölen, die den Geist klar und ruhig werden lassen. Stellen Sie sich das reinigende Wasser vor, das Ihren Körper umspült und alles Alte, Verhärtete und nicht mehr Notwendige einfach abspült. Waschen Sie Ihre Haut mit einer weichen Bürste und lassen Sie so alles Alte und Verbrauchte los.

Traumtagebuch

Die Rauhnächte sind energetisch sehr kraftvolle Nächte und oft begleiten uns intensive Träume in diesen Nächten. Kennen Sie das? Häufig wacht man nach einem Traum morgens auf, in den ersten Minuten ist der Traum noch sehr präsent und anschließend verblasst er von Stunde zu Stunde mehr, bis man sich irgendwann nur noch sehr vage erinnern kann, um was es in dem Traum ging. Legen Sie deshalb ein Traumtagebuch mit einem schönen Stift neben Ihr Bett oder auf Ihren Nachttisch. Direkt nach dem Aufwachen sind Ihre Träume noch ganz präsent.

Notieren Sie die Träume und alle Gedanken, die Sie daran haben, in Ihr Buch. Und auch hier gilt - bitte keine Bewertung, sondern einfach nur ein Notieren. Unsere Notizen helfen uns bei unseren Erinnerungen, um diese nicht verblassen zu lassen. Manchmal zeigt sich die Bedeutung eines Traumes auch nicht gleich, sondern erst Wochen oder Monate später. Haben Sie Vertrauen, dass alles zur richtigen Zeit geschieht.

Spüren Sie auch immer wieder in sich hinein: Was zeigt sich, mit was gehe ich vielleicht in Resonanz? Gibt es etwas, das ich heute noch gerne tun würde? Möglicherweise ein Ritual, das ich mit meinen Wurzeln, meiner Familie und den Generationen vor mir verbinde? Vielleicht möchten Sie alternativ ein paar alte Fotos herausholen und aufstellen? - Dann tun Sie dies. Es gibt für die Rauhnächte keine strikten und verbindlichen Anleitungen, sondern lediglich Impulse.

Eventuell haben Sie in dieser ersten Rauhnacht auch den Wunsch, sich mit der Natur zu verbinden. Dann gehen Sie noch mal nach draußen, genießen Sie die klare Luft, die Dunkelheit und die Stille.

Nehmen Sie es als ein Geschenk wahr, tief in Ihre Wünsche und Ihre Intuition einzutauchen, um Ihre eigenen Bedürfnisse zu spüren und zu erkennen.

Bitte überfordern Sie sich aber nicht: Insbesondere in der ersten Rauhnacht sollten nicht zu viele Rituale auf Ihrer To-do-Liste stehen. Das widerspräche dem Sinn und dem Ziel der Rauhnächte, denn hier geht es darum, in die Intuition, ins Spüren und ins Wahrnehmen zu kommen, was es für den Moment braucht - und das ganz ohne Druck und ohne jegliche Erwartungshaltung.

Affirmation

„Ich bin perfekt, so wie ich bin.
Du bist perfekt, so wie du bist."

2. Rauhnacht | 25.-26. Dezember | Spirituelle Führung und Verbindung mit unserem eigenen Selbst

Die zweite Rauhnacht, die sinnbildlich für den Monat Februar und somit für das kommende Ende des Winters steht, ist ganz der Verbindung mit unserem Herzen und unserem eigenen, höheren Selbst gewidmet. Die Nacht ist eine Einladung, unserer eigenen spirituellen Führung zu folgen und uns unserer Werte, die uns leiten, bewusst zu werden.

Wenn Sie sich die Thematik auf körperlicher Ebene vorstellen, dann gehen Sie gedanklich von ganz unten, gleichsam von Ihren Wurzeln, weiter nach oben in Richtung Herzen. Auf der Seelenebene gehen Sie von außen nach innen - weg von äußeren Einflüssen, hin zu Ihrem inneren Kern und Ihrem wahren Selbst.

Die eigene Spiritualität leben

Die eigene Spiritualität, das höhere Selbst, reines Bewusstsein, unser tiefster Wesenskern - sicherlich haben Sie einige dieser Begriffe schon einmal gehört. Mit all diesen Bezeichnungen ist der Teil von uns gemeint, der auf einer höheren Ebene, jenseits von allem Erklärbaren und Logischen, schwingt. Dieser Bereich bewegt sich jenseits von Denken und Verstand im Nicht-Sichtbaren, jedoch fühlbar in inneren Bildern, Eingebungen und Visionen. Machen Sie sich Situationen Ihres Lebens bewusst, in denen Sie dies bereits gespürt haben - bspw. das Gefühl, eine Entscheidung nicht nach logischen Aspekten, sondern mit mithilfe einer inneren Stimme, die Sie führt, zu treffen. Wie hat es sich dabei angefühlt, sich auf etwas, das nicht logisch erklärbar ist, einzulassen?

Am Ende der Rauhnächte werden neue Erkenntnisse fließen, nehmen Sie diese als großes Geschenk an. Die Rauhnächte geben uns die Möglichkeit, von Tag zu Tag tiefer einzutauchen, die eigene Wahrnehmung zu verfeinern und das Tor zu unserer inneren Stimme immer weiter zu öffnen.

Einen bewussten Einstieg finden

Halten Sie einen Moment inne, bevor Sie heute in Ihre 2. Rauhnacht starten.

Wie war die Erfahrung der letzten Nacht bzw. des letzten Abends für Sie? Kamen Bilder, Empfindungen, Erinnerungen hoch? Wurden vielleicht bruchstückhafte Erinnerungen an Ihre Kindheit wach? Wurden evtl. wieder Begebenheiten lebendig, die schon lange vergessen schienen? Möglicherweise dachten Sie auch an verstorbene Familienmitglieder? Wie haben Sie sich heute tagsüber gefühlt? Ruhig und geerdet?

Gab es etwas, das Sie heute Morgen in Ihr Traumtagebuch notiert haben? Wenn ja - sind die Träume der letzten Nacht noch präsent oder verschwinden diese langsam, wie durch einen Schleier? Neben den Träumen in der Nacht gibt es vielleicht auch Visionen oder Wünsche, die Sie gerne notieren möchten.

Beobachten Sie in den nächsten Tagen, ob und was sich verändert. Blättern Sie ruhig hin und wieder ein paar Seiten in Ihrem Traumtagebuch zurück. Erlauben Sie sich, zu spüren, was in Ihrem Unterbewusstsein vorgeht. Nehmen Sie es wahr, können Sie es annehmen, will das Erspürte transformiert und losgelassen werden? Was schwingt nach? War die Nacht ruhig oder unruhig? War Ihr Schlaf traumreich oder haben Sie keine Erinnerung daran? Träume bedeuten nicht automatisch, dass wir uns dessen Erfüllung herbeisehnen. Wir sollten uns lediglich fragen, was diese uns mitteilen wollen.

Beispiele für Tagesfragen

- Kann ich mich noch an Ereignisse, Begebenheiten und Situationen aus dem Februar dieses Jahres erinnern? Wenn ja, welche Themen sind ganz präsent und warum?
- Der Februar ist der letzte Wintermonat, bevor der Frühling beginnt und sich die Samen langsam in der Erde regen. Welche Samen habe ich bereits gesät, die nun langsam in das Wachstum übergehen dürfen?

- Was bedeutet innerer Frieden für mich persönlich? Bin ich derzeit im Frieden mit mir selbst? Falls Sie die Frage mit ***„Nein"*** beantworten: Welche Gedanken/Handlungen/Pläne können mich wieder in eine friedvolle Haltung bringen?
- Wie steht es um meine Intuition und um meine eigene spirituelle Führung? Wo darf ich darauf vertrauen, dass gut für mich gesorgt ist und wo darf ich mich mehr auf meine innere Stimme verlassen? Wodurch darf ich mich gut begleitet fühlen - auch und gerade an der Schwelle vom alten zum neuen Jahr?
- Welche Energien und welche Menschen dürfen mich im neuen Jahr begleiten? Schließen Sie für einen Moment Ihre Augen und lassen Sie diese Energien und Menschen vor Ihrem inneren Auge vorbeiziehen.
- In welcher Umgebung, an welchem Ort, sehe ich mich selbst im neuen Jahr? Versuchen Sie, dies wertfrei zu betrachten, und sich die Energie des Ortes vorzustellen. Es geht nicht darum, eine derzeitige Situation als gut oder schlecht oder unbefriedigend zu sehen, oder dass diese Situation dringend geändert werden muss. Vielmehr geht es darum, einen optimalen Zustand zu visualisieren.

Sie können Ihre Tagesfragen gleich beim Lesen beantworten und die Antworten ganz intuitiv kommen lassen. Manchmal fällt es uns jedoch leichter, Fragen zu beantworten, wenn wir uns diese zunächst aufschreiben und anschließend beantworten. Schriftlich niedergeschrieben, bringen wir häufig mehr Klarheit in unsere Gedanken, wie wenn wir die Antworten gedanklich im Kopf formulieren.

Finden Sie für sich heraus, welche Methode für Sie am besten passt - diese kann außerdem von Tag zu Tag variieren. Manchmal passen auch die vorformulierten Tagesfragen nicht eins zu eins für Ihre Lebenssituation - in diesem Fall formulieren Sie an diesem Tag einfach ähnliche Fragen für sich für die jeweilige Rauhnacht. Achten Sie jedoch bitte immer darauf, dass die Fragen sich am Thema der jeweiligen Rauhnacht orientieren.

Räuchermischung für die 2. Rauhnacht

Für die Öffnung der unsichtbaren Ebene und die Verbindung mit Ihrer eigenen Spiritualität mischen Sie Holz und Beeren des Wacholders, außerdem Lavendel, Ringelblumen, Alantwurzel und Dammar (Dammar oder Dammarharz ist das Harz von Laubbäumen aus der Familie der Flügelfruchtgewächse, die in Indien und auf den Sundainseln im Malaiischen Archipel wachsen.).

Nehmen Sie sich die Zeit, für einige Minuten die Rauchkringel zu beobachten, wie sie aufsteigen - diese stehen sinnbildlich für Ihre Intuition, die aufsteigt und sich mit Ihren höheren Werten verbindet.

Lassen Sie Ihre Intuition in jeder Rauhnacht neu entscheiden, wo sie heute gerne räuchern möchten. Bleiben Sie in Ihrem Zuhause, in der Nähe Ihres Meditationsplatzes oder bei Ihrem Altar? Ist Ihnen heute aber eher danach, den Raum zu wechseln bzw. einen Platz in der Natur zu finden? Vielleicht ist heute der Sternenhimmel besonders schön und klar? Vielleicht herrscht Neu- oder Vollmond - an diesen Tagen können Sie die besonderen Energien sehr präsent wahrnehmen. Was immer Ihre Intuition und Ihr Gefühl Ihnen sagt, geben Sie Ihren Gefühlen nach.

Je weiter die Rauhnächte fortschreiten, umso mehr werden Sie aus dem Denken ins Spüren kommen, dahin, die Dinge einfach anzunehmen und fließen zu lassen. Dies ist ein äußerst kraftvoller Prozess, der bereits mit Beginn der Rauhnächte seinen Anfang gefunden hat und nun weiter fortschreiten darf.

Erstellung eines Vision Boards

Ein Dream Board oder Vision Board ist eine Collage aus Bildern und Affirmationen der eigenen Träume und Wünsche, die als Quelle der Inspiration und Motivation dienen soll. Das Tool hilft dabei, ein klares Bild von Ihrer Zukunft zu entwickeln.

Welche Samen haben Sie bereits gesät, die langsam wachsen und Gestalt annehmen dürfen? Welche Träume, Wünsche und Pläne haben Sie für die Zukunft? Visualisieren Sie diese - so konkret, wie es Ihnen möglich ist. Möchten Sie Ihren Job wechseln? Wollen Sie künftig in einem Unternehmen arbeiten, mit dessen Werten Sie sich besser identifizieren können oder wo es Ihnen Spaß machen würde, dessen Produkte zu vermarkten?

Möchten Sie lernen, ein ungewöhnliches Instrument, bspw. die Harfe, zu spielen? Oder möchten Sie endlich den Mut finden, Ihren schon lange gehegten Wunsch von einer Reise nach Südindien in die Tat umzusetzen, mit einem langen Aufenthalt in einem Yoga Ashram, (**Als Ashram wird ein Meditationszentrum bezeichnet, welches mit Kloster ähnlichen Strukturen gekennzeichnet ist.**) um spirituell zu wachsen?

Lenken Sie Ihre Aufmerksamkeit ganz bewusst auf Ihr Ziel, Ihren Plan, Ihre Vorstellung. Unsere Energie folgt unserer Aufmerksamkeit - das, worauf wir unsere Energie lenken, kann wachsen und Gestalt annehmen (dies gilt umgekehrt natürlich auch für negative Themen). Je öfter wir uns mit unseren Zielen und Plänen beschäftigen bzw. je öfter wir die Affirmation wiederholen, desto eher können die Pläne Wirklichkeit werden. Hierbei sollten wir v. a. Bilder visualisieren, denn unser inneres Auge ist vornehmlich auf Bilder fixiert, weniger auf Worte.

Infolgedessen macht es Sinn, dass Sie Ihre Wünsche und Pläne in Form von Bildern konkretisieren. Vielleicht möchten Sie ein Vision Board zusammenstellen, das Sie an einem geeigneten Platz aufhängen und täglich sehen können. So bleiben Pläne in Form von Bildern immer präsent, so lange, bis sie Realität werden. Sie können bspw. für Sie passende Motive aus Zeitschriften oder Büchern ausschneiden, Skizzen anfertigen oder selbst Bilder malen, Motivationskarten verwenden etc. Der Fantasie sind keine Grenzen gesetzt, und auch hier gilt: Gut ist, was sich gut anfühlt. Ihr Vision Board darf übrigens auch wachsen und sich entwickeln - auch unsere Gedanken verändern und entwickeln sich.

Ritual in der Natur - Tiefe Verbindung spüren

Wir sind - auch und gerade in unserer modernen Welt - Teil der Schöpfung und der Natur, die uns umgibt. Wir haben es jedoch oftmals verlernt, uns als Teil der Natur zu sehen, uns mit ihr zu verbinden und ihre Schönheit und Kraft wahrzunehmen.

Die Elemente Erde, Wasser, Feuer, Luft und Äther - Äther gibt den anderen Elementen den Raum, damit diese darin existieren können - sind Teil dieser kraftvollen Natur. Nehmen Sie die Elemente in dieser zweiten Rauhnacht ganz präsent wahr, indem Sie sich nach draußen in die Natur begeben. Ziehen Sie sich warm an, sodass es Ihnen nicht kalt wird, auch wenn Sie sich einige Minuten nicht bewegen. Ziehen Sie Ihre kleine Karte bzw. den kleinen Zettel aus den 13 Wünschen für die Rauhnächte, nehmen Sie Streichhölzer oder ein Feuerzeug mit und begeben Sie sich in die Natur.

Wählen Sie einen nahe gelegenen Wald- oder Wiesenweg, vielleicht zieht es Sie an einen Ort, zu dem Sie eine besondere Verbindung spüren. Eventuell möchten Sie zu der Stelle, in der Sie im Sommer Blaubeeren gepflückt haben, oder zu einer Waldlichtung mit alten Bäumen, an der sie schon häufig gerastet haben. Oder Sie gehen einfach los und schauen, wohin Ihre Intuition Sie heute führt.

Versuchen Sie, ausschließlich das Licht der Natur wahrzunehmen, wenn Sie das künstliche Licht der Straßenlaternen hinter sich gelassen haben. Sie werden feststellen, dass Ihre Augen sich bald an die vermeintliche Dunkelheit gewöhnt haben - erst nehmen Sie nur Umrisse in der Dunkelheit wahr, später, wenn sich Ihre Augen an die Dunkelheit gewöhnt haben, werden Sie auch im Dunklen viel mehr erkennen können.

Auch Ihre anderen Sinne werden geschärft - nach und nach gesellt sich in Wald und Feld das eine oder andere Geräusch dazu, das Sie nun bewusst wahrnehmen - sei es ein Uhuschrei, die Bewegung eines Fuchses oder eines Rehs im Unterholz, das Rascheln von Ästen, die sich im Wind bewegen.

Die Geräusche der Natur können gerade in der Dunkelheit und in der vermeintlichen Stille viel intensiver wahrgenommen werden.

Wenn Sie an Ihrem Ort angekommen sind, lassen Sie sich ein paar Minuten Zeit, und bitten Sie um ***„Einlass"*** - und darum, für kurze Zeit an diesem Ort verweilen zu dürfen. Wenn Ihnen danach ist, lehnen Sie sich für einen Augenblick an einen der Bäume und nehmen Sie dessen Energie, die ihren Ausdruck in den tiefen Wurzeln und der Stabilität findet, auf. Wenn Ihr Platz große Steine oder eine Bank beherbergt, so nehmen Sie dort einen Moment Platz, schließen Sie die Augen und kommen an.

Nun finden Sie Ihre ideale Stelle für ein kleines Feuerritual, vorzugsweise eine gerade Fläche. Halten Sie nach einer Fläche Ausschau, wo etwas Schnee, Sand oder auch kleine Steinchen vorhanden sind. So können Sie bei Bedarf Flammen löschen, falls Funken überspringen sollten. Dann richten Sie Ihre Aufmerksamkeit auf den Wunsch, den Sie jetzt gerne dem Feuer übergeben möchten, und bitten eine höhere Macht um die Erfüllung dieses Wunsches. (Sie wissen natürlich nicht, um welchen Ihrer 13 Wünsche es sich handelt). Betrachten Sie aufmerksam das Spiel der Flamme und beobachten Sie, wie sich das Papier langsam in Asche und Glut verwandelt. Feuer hat einen stark transformierenden Aspekt - mit den Energien, die in der Natur wirken, potenziert sich diese transformierende Kraft um ein Vielfaches.

Wenn die Glut erloschen ist und Sie sich sicher sind, dass das Feuer komplett gelöscht ist, bedanken Sie sich still für die Erfüllung des Wunsches und danken Sie den Wesen, die diesen kraftvollen Platz mit Ihnen geteilt haben. Wenn Ihnen danach ist, bleiben Sie noch eine Weile in der Natur, anschließend begeben Sie sich langsam und still auf Ihren Heimweg.

Bild 27 - © depositphotos - vapm
Verbrennen Sie den Zettel in feuersicherer Umgebung

Krafttier im Traum erfragen

Im schamanischen Glauben hat jeder Mensch sein Krafttier, das ihn begleitet und beschützt, Verborgenes bewusst macht, Kraft schenkt sowie dem Leben Sinn und Tiefe gibt. Das Krafttier kann sich in Träumen zeigen, während einer schamanischen Reise, in der Natur oder bisweilen auch in Visionen. Im Spiegel unseres Krafttieres erkennen wir unser eigenes Wesen und unsere Seele. Krafttiere sind spirituelle Wegbegleiter und Seelengefährten. Die Verbindung mit seinem Krafttier schützt den Menschen, hält ihn gesund und kann ihn sogar heilen. Krafttiere sind die Verbindung zu Ihrer Ganzheit und können eine Projektion dessen sein, was Ihnen zur Ganzheit fehlt. Sie bringen auch die zunehmend in Vergessenheit geratene Naturverbundenheit näher.

Das Tier ist ein guter Ratgeber und hilft bei Entscheidungen. Die Antwort auf Fragen kommt in der Regel durch ein Vorkommnis im echten Leben. Dies zu erkennen, erfordert freilich entsprechende Achtsamkeit. Am Morgen sowie am Abend vor dem Schlafengehen sollte ein Ritual eingebaut werden, das mit einer Danksagung an das Krafttier verbunden ist.

Vielleicht wissen Sie bereits, welches Tier Ihr Krafttier ist - Falls Ihnen Ihr Krafttier aber (noch) nicht bekannt ist, so sprechen Sie, wenn Sie heute Abend zu Bett gehen, ein kurzes Gebet und bitten Sie darum, dass sich Ihr Krafttier Ihnen im Traum zeigen möge. Da die Träume in den Rauhnächten sehr intensiv sind und gerade auch zu Krafttieren eine Verbindung aufgebaut werden kann, wird sich Ihr Krafttier vermutlich im Traum zeigen.

Am nächsten Morgen, wenn der Traum und die Erinnerung an Ihr Krafttier noch präsent sind, sollten Sie den Traum bzgl. Ihres Krafttieres in Ihr Traumtagebuch notieren und alsdann die Bedeutung Ihres Tieres und des Traumes nachlesen.

Bild 28 - © Denise Heckelmann Fotografie
Mein persönliches Krafttier ist der Esel
Hier meine zwei Esel Harrie & Achiel

Beispiele für Krafttiere

Bär

Das vielleicht bekannteste und eines der stärksten Krafttiere überhaupt ist der Bär. Seefahrer orientierten sich an seinem Sternbild und in Nordamerika gilt der Bär gleichzeitig als Heiler, Beschützer und Krieger. Schamanen auf der ganzen Welt nutzen Bären während der Trance als Beschützer und Begleiter. Als Krafttier verleiht der Bär Ruhe, Kraft und Durchhaltevermögen. Er hilft ferner, sich mit der Natur zu verbinden und für jede Herausforderung im Leben die richtige Lösung zu finden.

Biber

Der Biber stammt aus Europa, ist aber mittlerweile auch in Nordamerika heimisch. Das Tier ist dank des Baus seiner Dammsysteme als hervorragender Architekt und Planer bekannt. Er verbindet mühelos die Elemente Erde und Wasser und kann daher beide Bereiche kontrollieren. Ein Biber als Krafttier fordert auf, kreativ zu sein, Balance ins Leben zu bringen und für einen gesunden Ausgleich zu sorgen.

Weitergehende Informationen zu allen Themen rund um Krafttiere und Schamanismus finden Sie bei Interesse in meinen Büchern **„Krafttiere und Schamanismus - Die verlorene Seele wiederfinden“ (BOD 2017), „Krafttiere als Spiegel der menschlichen Seele - Wegbegleiter am Wendepunkt des Lebens“ (Nova 2021) und „Schamanische Reisen zum Krafttier - Heimkehr der verlorenen Seele“ (BOD 2019**)

Affirmation

„Ich lasse alles los und bin bereit für die Liebe.

Du lässt alles los und bist bereit für die Liebe.“

3. Rauhnacht | 26.-27. Dezember | Herzöffnung

Ausgehend von unseren Wurzeln und unserem Fundament, dem Thema der ersten Rauhnacht, nähern wir uns nun immer mehr unserer eigenen Mitte, das auf unserer körperlichen Ebene durch unser Herz versinnbildlicht wird.

Das Thema der dritten Rauhnacht ist entsprechend unsere Herzensebene - es geht hier um die Öffnung unseres Herzraumes, und darum, dass unser Handeln ***„mit ganzem Herzen“*** erfolgt. Wir weiten unser Herz und öffnen uns voll und ganz dem Leben und lassen uns vertrauensvoll auf das ein, was noch kommen möchte.

Die dritte Rauhnacht symbolisiert den Monat März, den ersten Frühlingsmonat, wenn die Natur nach der langen Winterzeit wieder erwacht, der Aufbruch in eine neue Jahreszeit wieder beginnen darf.

Rückblick auf den vergangenen Tag

Der zweite Weihnachtsfeiertag geht langsam zu Ende. Vielleicht war dieser Feiertag für Sie ein weiterer Tag im Kreis der Familie, mit gutem und reichlichem Essen, vielen Gesprächen und anregendem Austausch. Vielleicht war der Tag auch mit Anstrengungen verbunden, wenn viele zu bewirtende Gäste in Ihrem Zuhause waren. Eventuell war Ihr Tag aber auch ruhig, Sie haben ihn allein oder mit nur wenigen Menschen verbracht, vielleicht haben Sie die Zeit genutzt, um einen langen Spaziergang in der winterlichen Natur zu machen. Wie auch immer Ihr 26. Dezember heute war - lassen Sie den Tag nun langsam, bewusst und in Dankbarkeit für alles, was heute war, ausklingen. Mit Einbruch der Dämmerung bietet es sich an, Kerzen anzuzünden. Weiter können Sie nun die Utensilien für Ihr Rauhnachtsritual zurechtlegen (Räuchermischung, Gefäße, Ihr Tagebuch), Ihren Altar oder Ihren kraftvollen Ort in Ihrem Zuhause richten, noch etwas Raumspray oder einen schönen Duft verteilen und dann ganz im Hier und Jetzt ankommen.

Mit Mantras zur Ruhe kommen

Wenn es uns mitunter schwerfällt, zur Ruhe zu kommen, wenn Tage sehr aktiv und/oder arbeitsreich waren, können Mantras uns dabei unterstützen, zur Ruhe zu kommen.

Ursprünglich stammt das Wort Mantra aus dem Sanskrit, der alten indischen Sprache. Ein Mantra (Sanskrit: मन्त्र, mantra, Spruch, Lied ‚Hymne') bezeichnet eine heilige Silbe, ein heiliges Wort oder einen heiligen Vers. Mantras haben eine heilende Wirkung, da sie als ***„Klangkörper"*** der spirituellen Kraft, die in und ums uns wirkt, gelten. Je häufiger ein Mantra rezitiert wird, desto kraftvoller wirkt es. Beim repetitiven Aufsagen manifestiert sich das Mantra und legt sich wie ein Schutzschild um unseren Geist. Die wohl bekannteste Silbe ist OM, die häufig am Anfang und am Ende einer Meditation oder einer Yogastunde gesprochen wird. Mantras sind auf ein bestimmtes Ereignis gerichtete, positive Aussagen. Sie sind kurz und präzise. Beim Aussprechen eines Mantra sollte man nur positive Bilder und Situationen vor Augen haben. Zudem sollte man seine Aussage so formulieren, als sei das Erwünschte bereits eingetreten. Ob gesprochen oder gesungen, durch die zahlreichen Wiederholungen der immer gleichen Worte und Verse, darf sich unser vegetatives Nervensystem langsam beruhigen, wir sind fokussierter und die Gedanken, die häufig wie kleine Blitze durch unseren Kopf und unseren Geist wirbeln, kommen zur Ruhe. Auch Sie sollten sich die Kraft der Mantras zunutze machen. Eine schöne CD mit Mantras, eine Playlist bei Spotify oder Ihre eigenen gesprochenen Mantras (***z. B. „Ich atme Ruhe ein", „Ich atme Anspannung aus", „Mit jedem Einatemzug nehme ich frische, leichte Energie auf, mit jedem Ausatemzug gebe ich Altes und Verbrauchtes ab" oder „Ich bin gelassen und stark, nichts bringt mich aus der Ruhe"***) können Sie rasch in einen Zustand der Ruhe und Harmonie versetzen.

Vielleicht spielen Sie auch ein Instrument und möchten dies gerne zur Einstimmung in Ihren heutigen Rauhnachtsabend spielen. Was immer Ihnen passend erscheint, tun Sie es.

Ihre Träume - Was durfte sich zeigen?

Nehmen Sie sich Zeit für eine kurze Reflexion. Was haben Sie heute früh in Ihr Traumtagebuch notiert? Konnten Sie sich an Ihren Traum erinnern, hat sich möglicherweise auch Ihr Krafttier gezeigt? Welche Empfindungen hatten Sie? Kamen im Laufe des Tages noch einmal Erinnerungen an Ihren Traum oder aber haben sich Verbindungen zu Ihrer derzeitigen Lebenssituation gezeigt? Bleiben Sie ganz fein in Ihrer Wahrnehmung und mit Ihren Gedanken.

Beispiele für Tagesfragen

- Wie steht es um meine eigene Herzenergie? Traue ich mich, mich zu öffnen, oder bin ich eher vorsichtig, weil ich Angst vor seelischen Verletzungen habe?
- Gebe ich anderen großzügig von meiner Herzenergie, schenke ich freigiebig Güte, Mitgefühl und Liebe? Und wenn ja - kann ich mir selbst auch dieses Geschenk machen?
- Wie sind meine Beziehungen zu anderen Menschen, zur Familie, Freunden und anderen Mitmenschen? Mit welchen Menschen möchte ich mehr Zeit verbringen und bei welchen spüre ich, dass mich der Kontakt erschöpft und mir nicht mehr gut tut?
- Welchen Herzenswunsch habe ich für mich? Habe ich mich getraut, meinen Herzenswunsch mit jemanden zu teilen? War mir mein Herzenswunsch bisher überhaupt präsent? Ist jetzt vielleicht der richtige Zeitpunkt, den Samen für seine Erfüllung zu setzen?
- Was bringt mein Herz zum Strahlen, was tut mir gut? Was lässt mich von innen heraus leuchten?
- An was erinnere ich mich, wenn ich an den vergangenen März denke? Hat sich schon Frühlingsenergie in der Natur geregt oder war der Winter noch vorherrschend - mit Kälte, Dunkelheit und der Ruhe, die der Winterzeit so eigen ist?
- Wie möchte ich den kommenden März erleben, was fühlt sich für mich beim Gedanken daran stimmig an?

Nehmen Sie sich auch heute die Zeit, Ihre passenden Fragen zu formulieren und sich ganz in Ruhe über die Antworten Gedanken zu machen, sowie auch über die Bilder nachzudenken, die vor Ihrem inneren Auge erscheinen.

Bleiben Sie achtsam und nehmen Sie kleine, versteckte Hinweise in Bezug auf das jeweilige Tagesthema wahr. Möglicherweise öffnet eine Pflanze in Ihrem Wohnzimmer genau an diesem Tag ihre erste Knospe. Oder es erfolgt gerade heute der Anruf eines alten Freundes, mit dem Sie sich immer schon sehr verbunden gefühlt haben. Handelt es sich um einen Zufall - oder erhalten Sie vielmehr ein Zeichen, Ihr Herz ein weiteres Mal zu öffnen und darauf zu vertrauen, dass alles zur richtigen Zeit passiert?

Räuchermischung für die Herzebene

Für Ihr heutiges Räucherritual können Sie Weihrauch, weißes Sandelholz, Gänseblümchen und Rosenblüten (diese lassen sich im Frühling hervorragend sammeln und trocknen), Weißdornblüten und etwas Kiefernharz mischen. Beim anschließenden Räuchern lassen Sie Ihrem Herzenswunsch freien Lauf.

Bevor die Räuchermischung zu Asche zerfällt, nutzen Sie die verbleibende Hitze, um Ihren Tageszettel zu ziehen und diesen dem Feuer und der Hitze zu übergeben.

Heutiges Tagesritual - Ein Geschenk an die Natur und das Leben

Heute darf ein guter Zeitpunkt sein, um Liebe zu verschenken. Warum nicht einmal der Natur ein Geschenk, eine kleine Opfergabe darbringen? In diesen Dezembernächten ist die Natur oft mit Eis oder unter einer dicken Schneeschicht bedeckt. Die Tiere des Waldes finden daher nicht viel Nahrung. Hängen Sie daher heute an sämtlichen passenden Plätzen in Ihrem Garten oder auf Ihrem Grundstück Vogelfutter auf, nehmen Sie das Futter auch mit in den Wald und platzieren es an einem frei stehenden Baum.

Sie können auch den Wesen des Waldes eine kleine Opfergabe in Form eines Schälchens mit einer kleinen Leckerei an einen Platz Ihrer Wahl in der Natur bringen, vielleicht auf eine Waldlichtung oder an den Rand einer Wiese. Sicherlich fällt Ihnen hier das Passende als Herzensgeschenk an die Natur und alle Ihre Wesen ein. Wenn Sie Ihre Geschenke dargebracht haben, gehen Sie langsam zurück zu Ihrem Zuhause, das Sie mit warmem Licht empfängt.

Die Energie zum Fließen bringen

Heute beschäftigt sich ein Ritual damit, Ihre Energie zum Fließen zu bringen. Viele von uns verbringen einen großen Teil des Tages im Sitzen. Das behindert die Durchblutung und führt zu Verspannungen u. a. im Nacken, in den Schultern und im Rücken. Tanzen ist daher ideal, um diese Verspannungen zu lösen. Wenn Ihnen Tanzen zu gewagt ist, können Sie stattdessen einige Yogaübungen praktizieren, etwa den Sonnengruß.

Ich möchte Sie jedoch dazu ermutigen, die heilende Bewegung des Tanzes für sich zu entdecken. Sie brauchen dazu nur Ihre Lieblingsmusik und einen Raum, in dem Sie sich frei bewegen können. Falls nötig, schieben Sie ein paar Möbelstücke zur Seite.

Falls Tanzen für Sie ungewohnt ist: Beginnen Sie mit einfachen Schritten. Schalten Sie die Musik ein und bewegen Sie sich von links nach rechts im Rhythmus der Musik. Hören Sie auf die Klänge und öffnen Sie Ihren Körper für diese Vibrationen. Wenn Ihre Beine automatisch im Rhythmus schwingen, können Sie Ihre Arme dazu nehmen. Heben Sie diese über den Kopf, beschreiben Sie Kreise und Spiralen, übertragen Sie die Musik mit Ihrem Körper in Bewegungen. Niemand schaut Ihnen zu. Es besteht keine Gefahr, dass Sie sich lächerlich machen. Jetzt geht es einzig und allein darum, die Musik mit Ihrem Körper auszudrücken.

Tanzen ist ungemein gesund. Es gibt wissenschaftliche Studien, die zeigen, dass Tanzen glücklich und vital macht. Keine andere Sportart drückt so wie Tanzen Lebensfreude aus. Tanzen bewirkt auch, dass Ihre Energien ins Fließen kommen.

Tanzen Sie so lange, wie Sie möchten, und geben Sie sich mit Ihrem ganzen Körper der Musik hin.

Zeit für eine herzöffnende Yogapraxis

Nehmen Sie sich heute zum Abschluss Ihrer Rauhnachtsrituale ca. zwanzig Minuten Zeit, um Ihren Körper in eine leichte, entspannende Bewegung und Ihren Geist mit ganz viel Hingabe an den Moment zur Ruhe zu bringen. Im Yoga lösen wir mit der Kombination unseres Atems und einem fließenden Bewegungsablauf Blockaden und negative Glaubenssätze, die uns anhaften, sanft auf.

Für Ihre Übung benötigen Sie ein Meditations- oder ein festes Couchkissen, eine Yoga- oder Gymnastikmatte, einen Yogablock (sofern vorhanden), eine Decke und bequeme Sportkleidung. Es spielt hierbei keine Rolle, ob Sie geübter Yogi bzw. geübte Yogini sind oder Yoga noch nie ausprobiert haben. Heute ist die Zeit, sich Neuem zu öffnen.

Beginnen Sie in einer bequemen Sitzhaltung auf Kissen, Decke oder Yogablock, sodass die Wirbelsäule lang werden darf, die Beine im kreuzbeinigen Sitz oder im Fersensitz entspannt in die Erde geschmiegt, das Becken weich, die Schultern weg von den Ohren. Schließen Sie die Augen und schenken Sie sich selbst drei-vier tiefe Ein- und Ausatemzüge durch die Nase, um anzukommen - auf Ihrer Yogamatte, in Ihrem Raum, im Hier und Jetzt. Ihre Hände liegen weich auf Ihren Knien bzw. den Oberschenkeln, die Gesichtsmuskulatur ist locker. So wie Ihr Atem langsam zur Ruhe kommt, dürfen auch die Gedanken allmählich zur Ruhe kommen.

Den Atem weit werden lassen

Öffnen Sie Ihre Augen wieder, nehmen Sie mit der nächsten Einatmung beide Hände und Arme weit über den Kopf und verbinden Sie die Handflächen miteinander. Die Schultern fließen Richtung Erde, die Arme und die Wirbelsäule sind lang. Stellen Sie sich vor, Sie wachsen Richtung Himmel und spüren dennoch die Stabilität der Erde unter Ihrem Gesäß und Ihren Beinen. Wiederholen Sie die Übung fünf Mal.

Drehsitz (Ardha Matsyendrasana)

Der Drehsitz fördert v. a. die seitliche Flexibilität der Wirbelsäule, auch die schrägen Bauchmuskeln, die Brustmuskeln und der Gesäßmuskel werden gedehnt. Die Übung stärkt weiter die Nerven, so können psychische Beschwerden wie Depressionen und Angsterkrankungen gemildert werden.

Ausführung der Übung

- Setzen Sie sich zunächst mit gestreckten Beinen auf die Matte.
- Ziehen Sie das linke Bein an und legen Sie es neben der rechten Hüfte auf. Die Hüfte bleibt auf dem Boden liegen.
- Stellen Sie nun den rechten Fuß auf, winkeln Sie diesen an und setzen ihn neben Ihr linkes Knie.
- Strecken Sie den rechten Arm, drehen Sie ihn nach hinten rechts und setzen Sie Ihre Hand rechts hinter Ihnen auf.
- Strecken Sie die Wirbelsäule gerade nach oben.
- Blicken Sie über die rechte Schulter. Verharren Sie für einige Atemzüge in dieser Position.
- Wechseln Sie nun die Seite.

Bild 29 - © depositphotos - fizkes
Die Yoga Übung Drehsitz

Bleiben Sie in dieser Sitzposition, wenn sich das nächste Mal Ihre Hände über dem Kopf treffen. Lassen Sie die Arme gestreckt und drehen Sie sich mit dem Oberkörper nach rechts. Die Beinhaltung bleibt, lediglich ab Bauchnabelhöhe wird Ihr Körper gedreht. Bleiben Sie hier für drei tiefe Ein- und Ausatemzüge.

Wiederholen Sie nun die Übung und drehen Sie Ihren Oberkörper nach links.

Anschließend drehen Sie den Oberkörper wieder nach rechts. Es folgen zwei Wiederholungen pro Seite.

Katze/Kuh (Chakravakasana)

Kommen Sie in den Vierfüßlerstand, Hände und Knie sind auf der Erde. Gelenk über Gelenk, das bedeutet, Schultergelenk über Handgelenk und Knie- unter Hüftgelenk. Kreuzbein bis Hinterkopf bilden eine gerade Linie.

Mit der Einatmung heben Sie den Brustkorb, schieben das Gesäß zurück, lassen den Rücken ein Hohlkreuz bilden und entspannen die Schultern nach außen (Kuhposition). Die Gegenposition ist die Katze, bilden Sie mit der Ausatmung einen Katzenbuckel, indem Sie den Bauchnabel Richtung Wirbelsäule ziehen und den Rücken ganz rund werden lassen. Kopf, Schultern und Nacken sind entspannt. Wiederholen Sie beide Positionen fünf Mal.

Die Stellung des Kindes (Anahatha Asana)

Beginnen Sie im Vierfüßlerstand und lassen Sie Ihr Gesäß nach hinten Richtung Fersen sinken. Die Knie sind hüft- oder fast mattenbreit auseinander, die großen Zehen berühren sich. Jeder einzelne Wirbel Ihrer Wirbelsäule darf lang werden, die Körpervorderseite fließt noch etwas mehr Richtung Erde. Ihre Hände und Arme sind lang Richtung kurzen Mattenrand ausgestreckt, die Ellbogen schweben einige Millimeter über der Erde. Die Stirn liegt am Boden auf.

Nun stellen Sie sich vor, dass die Mitte Ihres Brustraums, der Bereich, an dem Ihr spirituelles Herz seinen Platz hat, noch etwas mehr Richtung Erde fließen darf. Nehmen Sie die Verbindung zwischen Ihrem Herzraum und der Erde wahr.

Anahatha Asana steht für unser ***Herzchakra***, unsere ***Herzenergie*** - mit dieser Asana öffnen wir unser Herz weit. Bleiben Sie für mindestens fünf bis zehn tiefe Ein- und Ausatemzüge in dieser Stellung.

Die Schulterbrücke (Setu Bandhasana)

Finden Sie anschließend in die Rückenlage und stellen Sie Ihre Füße hinter Ihrem Gesäß auf. Die Hände und Arme liegen entspannt neben den Oberschenkeln auf der Erde. Testen Sie, ob Sie mit Ihren Händen bzw. Fingerspitzen Ihre Fersen berühren können. Falls dies nicht möglich ist, kommen Ihre Füße noch etwas näher an Ihr Gesäß heran.

Heben Sie nun einatmend Wirbel für Wirbel nach oben Richtung Himmel, bis Ihr Gesäß komplett den Boden verlässt. Wenn es sich gut anfühlt, nehmen Sie auch Arme und Hände weit über den Kopf und legen die Handrücken hinter Ihrem Kopf zur Erde ab. Hier bleiben Sie für drei bis vier tiefe Ein- und Ausatemzüge. Dann kommen Arme und auch das Gesäß wieder zur Erde zurück. Wiederholen Sie die Übung drei- bis viermal. Achten Sie darauf, dass Sie keinen Druck auf Hinterkopf und Nacken aufbauen, die Kraft kommt aus Ihren Schultern und Ihren Füßen.

Endentspannung in der Rückenlage (Shavasana)

Legen Sie sich in Rückenlage auf Ihre Matte. Wenn Sie möchten, ziehen Sie eine Jacke an oder kuscheln sich in eine Decke. Lassen Sie die Füße entspannt auseinanderfallen, die Beine fast mattenbreit gespreizt, Arme und Hände sind weich. Wenn Sie noch kleine Fäuste gemacht haben, öffnen Sie diese sanft.

Es gibt nun nichts mehr festzuhalten, für die nächsten Minuten, entspannen Sie Ihre gesamte Muskulatur vollständig. Lassen Sie tief und vollständig los.

Erholsame Nachtruhe

Für eine erholsame Nachtruhe ist es hilfreich, vor dem Schlafengehen den Geist ganz ruhig werden zu lassen. Dies kann mithilfe einer kleinen Meditation vor dem Zubettgehen geschehen, weiter durch ein warmes Fußbad oder - wie am heutigen Tag - durch einige entspannende Yogahaltungen.

Vielleicht ist es mit Ihrem Tagesablauf vereinbar, dass Sie etwas früher als gewöhnlich zu Abend essen, sodass zwischen Abendessen und Schlafengehen mindestens vier Stunden oder mehr liegen. So hat Ihr Körper genügend Zeit, vor der Nachtruhe die Nahrung zu verdauen und Körper und Geist können früher in die Ruhe finden. Bevor Sie schlafen gehen, können Sie noch ein paar Spritzer beruhigendes Lavendelöl oder ein schönes Raumspray im Zimmer verteilen und nochmals etwas frische und klare Nachtluft in Ihr Schlafzimmer einfließen lassen. Wenn dann noch Laptop, Handy, Fernseher und weitere Geräte mit dem ***„blauen Bildschirm“***, die uns anstatt müde wieder wach werden lassen, aus dem Schlafzimmer verschwinden, steht einer entspannten Nachtruhe nichts mehr im Weg.

Affirmation

„Ich folge meiner Freude.
Du folgst deiner Freude.“

4. Rauhnacht | 27.-28. Dezember | Bewusstes Innehalten

Wir sind heute bereits in der 4. Rauhnacht angekommen, die sinnbildlich für den Monat April steht. Diese Rauhnacht steht ganz unter den Aspekten ***„kritische Themen auflösen"*** und ***„Bereinigen von Störungen"***. Auch das Gefühl, sich vielleicht (noch) nicht ganz in der eigenen Mitte zu fühlen, wird thematisiert. In dieser Nacht dürfen folgende Punkte zur Klärung kommen: Was bedarf Auflösung, was Befreiung? Was darf transformiert werden?

Genauso wechselhaft wie häufig der Monat April daherkommt mit starken Stürmen, unstetem Wetter, wie Wärme und Kälte im Wechsel, sind auch die Themen dieser Nacht voller Energien, die für jede Transformation notwendig sind.

Sie können sich in diesem Zusammenhang die Frage stellen, wie Sie vermeintlich Negatives in Positives umwandeln können und ob es Gewohnheiten und Dinge gibt, die nun ausgedient haben und die Sie verabschieden wollen.

Diese Nacht gilt auch als ***Schlüsselnacht*** - als Nacht, in der alles, was im alten Jahr geschehen ist und nicht gut war oder sich ungut angefühlt hat, nun losgelassen werden darf. Nun ist die passende Zeit für eine Wiedergeburt und einen Neubeginn - dieser steht sinnbildlich für das neue Jahr und für den Frühling.

Rückblick - Was war gestern, was kam heute Nacht ans Licht?

Waren es Erinnerungen, ein ganz klarer Traum, eine Vision, die auf einmal vor dem inneren Auge auftauchte? Wie sind Sie gestern zu Bett gegangen? War Ihr Herz weit geöffnet, fröhlich, glücklich und erfüllt mit Dankbarkeit? Oder hat es sich fest, verschlossen und hart angefühlt? Spüren sie noch mal einen Augenblick die gestrigen Empfindungen nach und schlagen Sie diese, falls Sie sich nicht mehr genau erinnern können, in Ihrem Tagebuch bzw.

Ihrem Traumtagebuch nach. Häufig vergessen wir bereits nach einigen Stunden - gerade, wenn die äußeren Impulse sehr stark sind - unsere Träume und Empfindungen der Nacht. Hier helfen uns unsere Aufzeichnungen direkt nach dem Aufwachen, damit nichts in Vergessenheit gerät.

Beispiele für mögliche Tages-Fragen

- Kann ich mich an den Monat April des nun fast vergangenen Jahres erinnern? Welche Begebenheiten, Personen und Situationen sind hier noch präsent? Lagen die Ostertage in dieser Zeit?
- Was ergibt sich für mich aus den Themen der letzten drei Tage und der letzten drei Rauhnächte? Was blieb aus meiner Sicht ganz besonders stark haften?
- Was kann ich loslassen und was hilft mir? Und was fühlt sich noch fest verhaftet an?
- Wo würde es mir guttun, nochmals genauer hinzuschauen, damit ich mehr Klarheit gewinnen kann?
- Wie kann ich für mich vermeintlich Negatives in Positives transformieren?
- Welche alten Gewohnheiten und Muster möchte ich transformieren?
- Was kostet mich Kraft und raubt mir Energie? Um welche Themen kreisen meine Gedanken, ohne dass ich zu einem Ergebnis komme?
- Wer und was tut mir gut, schenkt mir Vitalität und Freude?

Dieses wiederholte Reflektieren hilft uns, mehr Klarheit zu erlangen - in unserem Geist und in unseren Gedanken. Es hilft uns weiter, herauszufinden, was wir benötigen, um gut für uns selbst zu sorgen. Manchmal braucht es gar nicht viel Veränderung, sondern nur ein kleines Justieren - für ein schönes, leichtes Gefühl und mehr Lebensfreude.

Die passende Räuchermischung für die 4. Rauhnacht

Heute entzünden wir zwei kleine Feuer. Für das erste Feuer benötigen wir Weihrauch. Für das zweite Feuer bedarf es einer Rauhnachtsmischung, bestehend aus Eisenkraut, Pfefferminze, Mistelkraut, Haselnussblättern, Eichenholz und nochmals etwas Weihrauch.

Die Zutaten der Räuchermischung helfen uns dabei, ganz ins Hier und Jetzt zu finden und den Geist klar werden zu lassen. Gefühle wie Wut, Ärger, Unbehagen oder Ungeduld dürfen sich sanft mit den Kringeln des Rauches auflösen.

Fragen Sie sich hier ganz bewusst: ***Was bedarf der Auflösung und darf sanft gehen, was ist gut und was darf bleiben, wie es ist?*** Wenn am Ende der Räucherung noch etwas glühende Asche übrig geblieben ist, denken Sie an Ihren Tageszettel - einen der 13 Wünsche - und übergeben diesen auch dem Feuer und somit einer höheren Dimension.

Seien Sie sich gewahr, dass Sie beim Räuchern eine andere, eine übergeordnete Dimension, betreten. Wenn wir den Rauch inhalieren und uns dieser umhüllt, dürfen wir in eine tiefere Seelenebene eintauchen, unsere Wahrnehmung nach innen darf intensiver und fühlbarer werden und das, was wir bereits ahnen, darf sich verstärken. Auf unserem Weg nach innen erschließen sich uns Dimensionen, die vielleicht bisher verborgen waren oder die wir lediglich wie durch einen Schleier erahnt haben. Indem wir uns nun mit uns selbst auseinandersetzen, dürfen wir uns in diesen Heiligen Nächten sanft leiten lassen. Die wertvollen Zeichen und Hinweise, die uns in jeder einzelnen Rauhnacht gegeben werden, dürfen uns als Orientierung für unseren Lebensplan und unsere Entscheidungen dienen.

Nehmen Sie sich auch heute die Zeit, Ihre komplette Wohnung bzw. Ihr Haus zu reinigen, indem Sie mit dem Gefäß, in dem sich die Räuchermischung befindet, von Raum zu Raum gehen. Wenn Sie im eigenen Haus wohnen, beziehen Sie ruhig auch Keller, Dachboden, Garage und Gartenhaus ein.

In früheren Zeiten haben die Menschen während der Rauhnächte auch ihre Ställe, Schuppen, die Tiere und die Umgebung geräuchert und gesegnet. Tiere sicherten in früheren Jahrhunderten häufig die Existenz der Menschen, lieferten sie doch Milch, Eier und Fleisch. Die oft wenigen Tiere galt es vor Krankheiten zu schützen, zu wahren und zu schätzen und die Götter gütig zu stimmen.

Auch in unserer Zeit kann eine Reinigung und Segnung aller Räume und des Umfelds, in dem wir uns bewegen, wohltuend und heilsam sein. Unruhige Zeiten, Zweifel, Streit und Trauer hinterlassen oft Spuren in unserem Umfeld und in unseren Räumen. Fremde Energien, die wir mitbringen oder die uns anhaften, tun ihr Übriges.

Mit einer gründlichen Räucherung Ihrer Räume verabschieden Sie Altes und Verbrauchtes und schaffen Platz für Neues. Verbinden Sie dieses reinigende Ritual mit dem Gefühl von Dankbarkeit - Seien Sie dankbar dafür, dass sie ein schönes Zuhause haben, in dem Sie sich wohlfühlen, und das Sie vielleicht mit Ihren Liebsten teilen.

Ritual des Tages

Widmen Sie sich direkt nach der intensiven Räucherung dem Ritual des Tages. Dieses steht insbesondere unter dem Aspekt der Transformation, des Loslassens und darauf, den Blick nach vorne zu richten. Mit dem heutigen Ritual schreiben Sie Negatives in Positives um, Sie lassen alte Gedanken und Glaubensmuster für immer los und richten sich neu aus.

Beginnen Sie mit dieser Aufgabe, indem Sie alle Verhaltensweisen, Ereignisse und Muster, die Sie gerne von ***negativ*** in ***positiv*** umwandeln möchten, auf einzelne Zettel oder kleine Kärtchen notieren. Verwenden Sie so viele Kärtchen, wie Sie benötigen - möglicherweise brauchen Sie nur zwei, drei Karten, vielleicht aber auch zehn oder mehr.

Hier gibt es kein richtig oder falsch. Nehmen Sie jedoch für jeden Zettel nur ein Thema, das Sie transformieren möchten.

Holen Sie alsdann ein feuerfestes Gefäß, Streichhölzer oder Feuerzeug, ein kleines Päckchen Weihrauch, ziehen Sie sich warm an, und machen Sie sich auf den Weg nach draußen, in die Natur. Vielleicht möchten Sie in Ihren Garten gehen, möglicherweise ist Ihr richtiger Platz heute Abend auf der Terrasse oder auf dem Balkon, vielleicht aber auch im Wald oder auf einer Wiese. Vielleicht können Sie heute ganz bewusst den Mond, die Sterne und die klare Luft des Winterabends wahrnehmen, vielleicht ist es aber auch dunkel und wolkenverhangen. Schärfen Sie Ihre Wahrnehmung, indem Sie sich etwas Zeit lassen, um sich an die Dunkelheit, die einzigartige Stimmung des Winterabends und Ihre Umgebung zu gewöhnen.

Legen Sie dann Ihre beschrifteten Zettel in das feuerfeste Gefäß, geben Sie etwas Weihrauch dazu und zünden Sie alles an. Nehmen Sie wahr, wie kraftvoll das Feuer ist, wie rasch es Papier und Weihrauch zu Asche formt. Das Ritual des Feuers, der Transformation, ist eine Handlung mit starker innerer und transformativer Wirkung.

Auf immer weg, verabschiedet - wenn nur noch Asche übrig geblieben ist und Sie sich versichert haben, dass diese nicht mehr glüht, bedanken Sie sich beim Element Feuer für die Auflösung. Übergeben Sie anschließend die Asche dem Element Luft. Dieses Element steht für Leichtigkeit, für Träume, für unsere Kreativität und für neue Pläne. Lassen Sie die Asche sich in alle Winde zerstreuen, nehmen Sie das Gefühl wahr, das sich nun einstellen darf - Leichtigkeit, Loslassen, Lebendigkeit. Es ist nichts mehr übrig, was noch anhaftet. Sie haben Raum geschaffen für Neues.

Dieses Ritual eignet sich auch für jeden anderen Tag des Jahres. Mitunter stecken wir in Situationen und Stimmungen fest, die schwer auflösbar sind. Die Gedanken kreisen wie im Karussell, das Energielevel sinkt, es scheint keine Lösung in Sicht. Hier gilt es, Blockaden und Festgefahrenes aufzulösen, um wieder einen guten Blick auf die Dinge zu bekommen.

Ist heute ein Abend, an dem Sie vielleicht noch etwas draußen bleiben möchten? Wollen Sie nicht direkt den Heimweg antreten, sondern noch einen kurzen oder langen Spaziergang machen? Tun Sie, was Sie anspricht und was sich gut für Sie anfühlt.

Yoga-Übung Frosch (Mandukasana)

Der Frosch ist eine Übung aus dem Yin Yoga - Die Übung zentriert uns, weiter verhilft sie zu mehr Mut und Selbstbewusstsein. Insbesondere die oberen Energiezentren werden mit viel Energie angereichert.

Anleitung

Beginnen Sie die Übung in der Tischstellung (**Purvottanasana) bzw. im Vierfüßlerstand.**

Öffnen Sie die Knie so weit wie möglich, indem Sie diese seitlich nach außen führen.

Lassen Sie Ihr Becken nach unten zum Boden sinken. Drehen Sie die Füße nach außen, während die Innenkanten Ihrer Füße die Matte berühren.

Kommen Sie nach unten auf Ihre Unterarme, falls dies Ihnen angenehm ist.

Schieben Sie das Gesäß nach hinten, bis eine Dehnung spürbar ist.

Lassen Sie sich immer weiter in die Stellung hineinsinken.

- Halten Sie die Position etwa zwei bis fünf Minuten.
- Lösen Sie sich aus der Übung, indem Sie langsam über die Seite zum Sitzen kommen.
- Anschließend können Sie in die ***„Stellung des Kindes“*** gehen.

Tipp

Hören Sie auf Ihren Körper, und trainieren Sie nie über den Schmerz. Bei Beschwerden auf den Knien üben Sie bitte nur so lange, wie Ihnen die Übung gut tut.

Was gibt es noch zu tun?

Machen Sie sich vor Ihrer Nachtruhe bewusst, was Sie in den nächsten Tagen noch erledigen möchten, bevor sich das alte Jahr endgültig verabschiedet. Gibt es noch Angelegenheiten zu klären? Ausgeliehene Gegenstände zu ihrem Besitzer zurückzubringen? Jemandem zu schreiben oder anzurufen, sich vielleicht auch zu entschuldigen oder den eingeschlafenen Kontakt wiederherzustellen?

Gibt es Themen, die Sie aus früherer Zeit, vielleicht aus den Jahren davor, noch mit sich herumtragen? Eine nicht ausgesprochene, ungute Situation, ein Streit, der nie beigelegt wurde, ein Missverständnis, das nie geklärt wurde? Es ist ein guter Zeitpunkt, sich dessen heute bewusst zu werden. Notieren Sie die für Sie wichtigen Punkte in schriftlicher Form, ähnlich einer kleinen To-do-Liste, und legen Sie die Notizen für den nächsten Tag bereit.

Dann darf die Nacht langsam hereinbrechen und der Tag in Ruhe zu Ende gehen, mit dem Gefühl, dass für heute alles getan ist. Wenn Ihnen danach ist, nehmen Sie vor dem Schlafengehen noch ein warmes Fußbad, träufeln Sie etwas Lavendelöl in eine Duftlampe oder trinken Sie einen warmen Tee am Fenster, mit dem Blick nach draußen in die Nacht, und kommen Sie dann langsam zur Ruhe.

Teemischung zur Klärung und inneren Reinigung

Bereiten Sie sich einen Tee, bestehend aus Salbei, Eibischwurzel, Pfefferminze und Goldrute zu.

- **Salbei:** Reinigend, klärend. Beruhigend für Körper und Geist. Unterstützt uns, wenn es uns schwerfällt, die richtigen Worte zu finden. Hilft uns dabei, loszulassen.
- **Eibischwurzel:** Unsere Worte fließen geschmeidiger zu unseren Mitmenschen, wir werden klarer in unserer Kommunikation und wir unterstützen den Prozess des Loslösens von Altem.
- **Pfefferminze:** Sorgt für einen frischen und klaren Geist und für gute Gedanken. Pfefferminze wirkt stark energetisierend.
- **Goldrutenkraut:** Unterstützt unsere Lebensfreude, wärmt uns von innen. Hilft vor allem Frauen, den Nierenbereich warm zu halten.

Affirmation

„Ich lebe in Fülle und in Harmonie.
Du lebst in Fülle und in Harmonie.“

5. Rauhnacht | 28.-29. Dezember | Blick in unser Umfeld

Haben wir uns in den ersten Rauhnächten mit der aufsteigenden Kraft beschäftigt, so hat die heutige, die fünfte Rauhnacht, den Aspekt der Rundumschau, des Blickes nach außen, in unser soziales und familiäres Umfeld. Betrachten Sie dieses einmal genau: Mit welchen Menschen umgeben Sie sich? Wer sind Ihre Freunde, Ihre Familie? Mit wem verbringen Sie viel Zeit? Wer steht Ihnen nahe und wie verhalten Sie sich diesen Menschen gegenüber? Die heutige Rauhnacht, sinnbildlich für den Monat Mai, steht ganz im Zeichen der Liebe und der Selbstliebe, der Freundschaft, des Miteinanders und der Freude. Auch Vergebung ist ein zentrales Thema - Vergebung, die ich anderen und auch mir selbst gewähre und zugestehe. Stellen Sie sich in Gedanken den Monat Mai vor: Alles um uns herum blüht, die Sonne scheint mit jedem Tag wärmer, die angenehmen Temperaturen laden dazu ein, viel Zeit draußen in der Natur zu verbringen. Das Leben fühlt sich nach dem langen Winter wieder viel leichter und unbeschwerter an. So darf dieses Gefühl der Freude und Leichtigkeit auch in unsere Herzen einziehen.

Kurzer Rückblick

Suchen Sie sich für eine kurze Reflexion einen ruhigen Ort - es kann sich dabei um Ihren Yogaplatz handeln, einen Platz in der Nähe Ihres Altars oder eine Stelle in der Natur. Spüren Sie noch mal einen Augenblick ganz bewusst in Ihr Inneres und nehmen Sie die Gefühle und Empfindungen wahr, die gestern und eventuell auch in der letzten Nacht in Ihren Träumen aufgetaucht sind. Gestern war das Thema Transformation, Reinigung, Loslassen und Neues einladen ganz präsent. Vielleicht hatten Sie in Ihren Träumen der letzten Nacht, eventuell auch heute, das eine oder andere Erlebnis, das Sie noch mal zu bestimmten Empfindungen zurückführt. Die gestrige und die heutige Rauhnacht sind thematisch stark differierend, sodass der Übergang mitunter etwas schwierig sein kann oder sich zumindest danach anfühlen könnte.

Manchmal haben wir das Gefühl, dass wir noch durch störende Blockaden belastet werden, die wir gerne lösen möchten. Sollten Sie solche Blockaden spüren, so beginnen Sie Ihre heutige Rauhnacht mit einer kleinen Entspannungs- und Achtsamkeitsübung, um gut geerdet und frei von allen Blockaden in der Ruhe anzukommen.

Ich atme ein - Ich lasse los

Finden Sie einen aufrechten Sitz - auf Ihrem Meditationskissen, einem Yogablock, einem Stuhl oder einem kleinen Hocker ohne Stuhllehne. Lassen Sie die Arme locker hängen, schließen Sie die Augen und richten Sie den Fokus ausschließlich auf Ihren Atem. Lassen Sie diesen tief durch die Nase ein und ebenso tief durch die Nase wieder ausströmen. Atmen Sie und beobachten Sie Ihren Atem - Sie sind ganz auf den Atem konzentriert, es gibt ansonsten nichts zu tun, in diesem Moment.

Geben Sie sich selbst eine kleine Affirmation: Bei jedem Einatemzug sagen Sie gedanklich zu sich: ***„Ich atme ein - frische Energie, neue Impulse, neue Kraft“***. Bei jedem Ausatemzug wiederholen Sie: ***„Ich lasse los“***.

Wiederholen Sie die Übung fünf bis zehn Mal, bis Sie spüren, dass Ihr Atem ruhiger und langsamer werden darf.

Dann beginnen Sie die Schultern von vorne nach hinten zu kreisen. Ruhig und gleichmäßig, bilden Sie erst kleine, dann immer größere Kreise. Stellen Sie sich vor, dass alles, was auf Ihren Schultern lastet, abfallen darf. Wiederholen Sie diese Übung zehn Mal.

Dann lassen Sie die runden, kreisenden Bewegungen in die andere Richtung, also von hinten nach vorne, gehen. Wiederholen Sie hier ebenfalls zehn Mal. Lassen Sie alles los, was Sie belastet, was Sie erschöpft und was Sie Energie kostet: Hier wären bspw. Selbstmitleid zu nennen, weiter Wut, Festhalten und Verharren in Themen, die sich als belastend erwiesen haben. Dinge, die nicht zu ändern sind, sollten Sie zu akzeptieren lernen.

Die Kombination von Bewegung und richtiger Atmung hilft uns bei der Auflösung von Denkmustern und Blockaden, in denen wir mitunter gefangen sind.

Nehmen Sie noch einen tiefen, letzten Einatemzug, lassen Sie den Atem nun über den Mund ausströmen und öffnen Sie langsam Ihre Augen. Kommen Sie wieder im Hier und Jetzt an. Diese Übung können Sie - nicht nur an den Rauhnächten - jederzeit wiederholen, wenn Sie aus stressigen Situationen oder Gedankenkreisen ausbrechen möchten.

Mögliche Fragen für die 5. Rauhnacht

- Welche Erinnerungen habe ich an den vergangenen Monat Mai?
- Mit welchen Menschen verbringe ich gerne Zeit?
- Welche Menschen sind meine Freunde und wie ist meine Verbindung zu ihnen?
- Welche meiner Beziehungen und Freundschaften sind im Frieden und welche sind im laufenden oder in vergangenen Jahren wegen Unfrieden, Streit und Zorn zerbrochen?
- In welchen Beziehungen stimmt für mich das Verhältnis zwischen Geben und Nehmen und wo nicht mehr?
- Gibt es noch etwas zu heilen, zu vermitteln, aufzulösen oder wieder neu zu beginnen?
- Wo gab es Erfolge, Siege, schöne Momente, Niederlagen, Fehlschläge, Fehler und Höhen und Tiefen? Wie habe ich all diese Situationen erlebt und gemeistert?
- Wie steht es mit der Liebe zu mir? Bin ich so liebevoll und aufmerksam zu mir, wie ich es zu anderen sein kann?
- Kann ich mich so annehmen, wie ich bin, oder verurteile ich mich oft selbst?
- Tue ich mir selbst regelmäßig Gutes?
- Wie geht es meinem inneren Kind, wie fühlt es sich?
- Gibt es etwas, was ich mir selbst gerne vergeben möchte? Und bin ich mir bewusst, dass die Welt sanfter wird, wenn ich es auch bin?

Nehmen Sie sich für Ihre Tagesfragen heute genügend Zeit. Wenn Sie während des Schreibens den Impuls verspüren, einen Ihrer Liebsten anzurufen, einen Brief oder eine Nachricht zu schreiben oder sich auf andere Art und Weise zu melden, dann tun Sie das. Heute ist ein guter Zeitpunkt, um Freunde wissen zu lassen, wie viel sie Ihnen bedeuten und was Sie an ihnen schätzen. Mitunter zieht der Alltag so rasch an uns vorbei, dass für die wichtigen Dinge im Leben - bspw. guten Freunden zu danken und ihnen zu sagen, wie wichtig sie für uns sind -oft keine Zeit bleibt. Zu Treffen kommt es oftmals nur noch zu besonderen Anlässen wie Geburtstagen oder Weihnachten. Nehmen Sie sich daher heute Zeit für Ihre Freunde!

Vergebungsritual - Das Ritual des Tages

Ho'oponopono ist eine uralte hawaiianische Heil- und Vergebungspraxis und bedeutet übersetzt etwa ***„Etwas in Ordnung bringen“***. Vergebung kann sehr heilend sein und helfen, mit Themen aus der Vergangenheit endgültig abzuschließen. Dieses Ritual wurde in früheren Zeiten von den Kahunas, den Schamanen der hawaiianischen Bevölkerung, praktiziert und bis heute überliefert. Es wurde besonders in den traditionellen Großfamilien der Hawaiianer durchgeführt, um Konflikte zu lösen, und bei Krankheiten zu helfen. Ho'oponopono wird heutzutage in den USA sogar als eine Form der Therapie anerkannt.

Das Ritual läuft wie folgendermaßen ab: Man wiederholt immer wieder die gleichen vier Sätze, wie ein Mantra - man sagt die Sätze hierbei so oft auf, wie man möchte bzw. so lange, bis sich das Gefühl einstellt, dass sich bestimmte Konflikte und problematische Themen ein für alle Mal auflösen. Man spürt, dass das Repetieren der Sätze guttut, und dass es notwendig ist, um Konflikte aufzulösen.

Mantras beruhigen und erden uns, indem wir sie immer wieder rezitieren. Auf diese Weise beruhigt sich unser Geist, das oft überlastete Nervensystem kommt zur Ruhe - dann können die Worte Wirkung zeigen und die Heilung tritt ein. Es ist hierbei nicht relevant, in welcher Sprache (Sanskrit, Englisch oder in unserer Muttersprache) die Mantras rezitiert werden.

Wiederholung der Mantras

- I am sorry
- Please forgive me
- I thank you
- I love you
- Wiederholung...

Es tut mir leid - durch diesen ersten Satz erkennt man und akzeptiert gleichermaßen, dass man Schuld auf sich geladen hat.

Bitte verzeih' mir - mit diesen knappen Worten bittet man den/die andere(n) oder auch sich selbst um Vergebung.

Ich danke Dir - nun ist die Zeit dafür, Dank auszusprechen.

Ich liebe Dich - am Schluss sagt man ihm/ihr/sich selbst, dass man ihn/sie/sich selbst liebt.

Mantras sind - gesungen oder gesprochen, mit oder ohne musikalische Umrahmung - in jeder Form sehr kraftvoll, gleichwohl es eine sehr einfache Technik ist. Nehmen Sie sich allerdings genügend Zeit für das Rezitieren der Mantras - nur bei einer ausreichenden Zahl an Wiederholungen gehen Sie sicher, dass die Mantras auch ihre gewünschte Wirkung erreichen.

Die Mantras des Vergebungsrituals können Sie bspw. auch auf Youtube, Spotify oder SoundCloud hören - wichtig ist dabei, dass Sie aktiv mitsingen. Lassen Sie hierbei alle Gefühle, die sich nun zeigen, und die in Ihnen hochkommen - sei es Trauer, Wut, Freude, Enttäuschung - einfach zu. Alle Emotionen dürfen sich zeigen und an die Oberfläche kommen. Infolgedessen kann Heilung entstehen.

Räuchermischung für die heutige Rauhnacht

Die Räuchermischung für die heutige Rauhnacht ist würzig und gleichzeitig zart. Heute verwenden Sie eine Mischung, die großteils aus Wurzeln besteht: Kalmuswurzel, Galgantwurzel, Ingwerwurzel, Alantwurzel, Iriswurzel, Angelikawurzel sowie Baldrianwurzel und Gänseblümchen. Die Räuchermischung steht also ganz im Zeichen dessen, was uns Wurzeln, Stabilität und Erdung verleiht - sei es unsere Familie, unsere Ahnen oder andere Menschen, mit denen wir uns umgeben und die uns Halt und Kraft geben. Atmen Sie den Duft der Räuchermischung ganz bewusst ein.

Vielleicht gibt es bei Ihnen zu Hause ein Board mit vielen Fotos Ihrer Lieben, evtl. eine ganze Fotowand oder einfach einen Bereich, an dem Sie viele Erinnerungen und Gegenstände Ihrer Freunde und Familie aufbewahren. Stellen Sie Ihr Gefäß mit der Räuchermischung an diesen Ort und lassen Sie den Rauch dort wirken. Dies sorgt für gesunde, stabile Beziehungen, für Selbstliebe und für ein weit geöffnetes Herz.

Orakelkarten ziehen

Karten befragen, in die Zukunft schauen, jeden Tag eine Karte ziehen. All diese Dinge haben Sie vielleicht schon gehört oder darüber gelesen, sie aber noch nicht selbst ausprobiert? Oder ist es schon ein lieb gewonnenes Ritual für Sie, gleich morgens eine Karte für den Tag zu ziehen, um den Tag ganz ruhig und zentriert zu starten?

Wie auch immer Ihre Erfahrungen bislang sind, nutzen Sie die Rauhnächte dazu, Neues auszuprobieren, sich Zeit zu nehmen, um in neue Dimensionen einzutauchen und offen für bislang Unbekanntes zu sein. In den letzten Tagen und Nächten durften Sie schon die eine oder andere magische Erfahrung machen. Unser Mut, sich immer wieder auf Neues einzulassen, beschenkt heilsame und neue Erfahrungen.

Die Rauhnächte waren insbesondere in früheren Jahrhunderten eine sehr bedeutende Orakelzeit.

Da die Menschen früherer Zeiten viel mehr als wir Heutigen mit der Natur verbunden waren, - allerdings waren die Menschen dazumal auch in viel stärkerem Maß von den Launen der Natur abhängig - nahmen sie auch viel stärker die Zeichen wahr, welche die Natur preisgab. So achtete man bspw. genau auf mögliche Hinweise bzgl. künftiger Wetterlagen. Kündigten sich Stürme, Regen oder Hagel an, musste man entsprechende Vorkehrungen treffen, um Haus und Hof zu schützen.

Heutzutage haben wir aufgrund unseres hoch technisierten Lebensstils die Verbindung zur Natur meist verloren. Während wir die meiste Zeit in geschlossenen Räumen leben, leben wir nicht mehr in und mit den Zyklen der Natur.

Durch Rituale in und mit der Natur können wir die Verbindung zur Natur wieder herstellen, insbesondere indem wir uns auf die Wunder und die Schönheit der Natur einlassen.

Tarotkarten, Engelkarten und Affirmationskarten sind eine wunderbare Möglichkeit, um wieder mit unserer Seele und unserem Herzen in Verbindung zu kommen.

Im Handel gibt es eine Vielzahl Kartensets, aufgrund der großen Fülle fällt die Auswahl mitunter nicht leicht. Lassen Sie sich auch hier von Ihrer Intuition leiten und schauen Sie, welche Illustrationen, welche Bilder, welche Karten Sie ansprechen. Wenn Sie die Möglichkeit haben, stöbern Sie in Ihrer Lieblingsbuchhandlung oder in einem Esoterikladen durch das Sortiment.

Karten legen und ziehen

Ehe Sie beginnen, nehmen Sie einen bequemen Platz ein. Vergewissern Sie sich, dass Sie in den nächsten 30 Minuten nicht gestört werden und die Zeit Ihnen gehört. Vielleicht möchten Sie als Einstimmung leise Musik hören, Kerzen anzünden und/ oder mit einem kleinen Gebet beginnen.

Mischen Sie nun Ihre Karten und legen Sie diese mit der Rückseite nach oben in einem Halbkreis vor sich hin. Schließen Sie die Augen und bewegen Sie die rechte Hand in einigen Zentimetern Abstand über die Karten. Spüren Sie einen Impuls, der Ihnen sagt, nach einer bestimmten Karte zu greifen? Gehen Sie ganz in Ihr Gefühl und Ihre Intuition. Fühlt sich die Karte, die Sie ziehen wollen, richtig an? Folgen Sie Ihrem Gefühl und vertrauen Sie Ihrer Intuition.

Nehmen Sie Ihre Karte, öffnen Sie nun die Augen und drehen Sie Ihre Karte um. Welches Bild, welche Botschaft zeigt sich Ihnen? Wie passt die Karte zu Ihrer derzeitigen Situation? Nehmen Sie sich genügend Zeit, um hier einzutauchen. Sie können Ihre Gedanken und Impulse auch in Ihr Tagebuch notieren, sodass nichts in Vergessenheit gerät. Legen Sie Ihre Karte an einen schönen und passenden Ort Ihrer Wahl - z. B. auf Ihren Altar.

Affirmation

„Ich befreie mich von Ballast.
Du befreist dich von Ballast."

6. Rauhnacht |29.-30. Dezember | Verabschieden & liebevoll loslassen

Wir haben uns gut vorbereitet, um nun einen Blick auf das zu werfen, was wir im alten Jahr zurücklassen möchten. Bestimmte Themen, Situationen, Glaubenssätze, Menschen - manches möchte man nicht länger mit sich herumschleppen und sich gerne davon befreien. Dabei muss es sich nicht um einschneidende Veränderungen wie einen Hausverkauf, eine Trennung vom Partner oder einen radikalen Jobwechsel handeln. Auch scheinbar kleine Veränderungen können heilsam und befreiend sein.

Im Rückblick dürfen Sie ganz ehrlich mit sich sein, welche Verhaltensmuster, Themen und Ansichten Sie nicht mit ins neue Jahr nehmen möchten. Mitunter sind wir in bestimmten Gewohnheiten und Verhaltensweisen so fest verhaftet, dass wir diese, auch ohne es zu wollen, stetig wiederholen.

Jetzt ist die Zeit, sich von überholten Gewohnheiten und Verhaltensweisen sowie von toxischen Menschen zu lösen. Was gilt es nun, am Ende des Jahres, sanft zu verabschieden, loszulassen, um Raum für Neues zu schaffen, das Sie in Ihr Leben einladen wollen? Was darf - von dieser Rauhnacht an - der Vergangenheit angehören? Was benötigt noch etwas Heilungsarbeit, was braucht Transformation?

Die letzte Rauhnacht im Rückblick

Werfen Sie noch mal einen Blick in Ihr Tagebuch bzw. in Ihr Traumtagebuch - reflektieren Sie auf diese Weise noch mal die Gefühle und Wahrnehmungen, die nach der letzten Rauhnacht aufkamen. Mit jeder weiteren Rauhnacht dürfen unsere Empfindungen klarer und feiner werden. Unser Blick nach innen wird von Tag zu Tag bzw. von Nacht zu Nacht geschärft, noch unklare Empfindungen lichten sich gleichsam Nebelschwaden. In dem so mystischen Zeitfenster zwischen den Jahren dürfen wir jeden Tag mehr zur Ruhe kommen, die magischen Kräfte dieser Zeit bringen Heilung und Transformation.

In den Rauhnächten der früheren Zeit standen alle Räder still - am Spinnrad wurde nicht gewebt, auch Mühlsteine sollten ruhen. Andernfalls konnte großes Unglück geschehen, denn zu dieser Zeit - so glaubte man - wurde das Schicksal neu gesponnen, während sich das Schicksalsrad drehte.

Nicht nur die Räder hatten still zu stehen, auch harte Arbeit, wie alle Art von handwerklichen Tätigkeiten, wurden ausgesetzt. Werkstätten und Arbeitsräume standen leer. Auch im Haushalt wurde nicht gearbeitet, Wäsche zu waschen und diese gar aufzuhängen, war verboten, weil sich in eben dieser Wäsche Geister und Dämonen verfangen konnten. Dies brachte Unheil ins Haus, Schlimmes konnte passieren - bspw. starben nahe Angehörige urplötzlich und ohne Vorwarnung.

Vielmehr waren und sind die Rauhnächte eine Zeit der Stille, der Innenschau und des Rückzugs. Alle Ablenkungen gilt es komplett loszulassen, um zum Wesentlichen durchzudringen.

Fragen für die 6. Rauhnacht

- Kann ich mich noch an den Juni dieses Jahres erinnern? Habe ich die Sommersonnwende zelebriert, diese kraftvolle Nacht, als der Tag und Nacht gleich lang waren? Wie habe ich diesen Höhepunkt des Sommers, der gleichzeitig der Umkehrschwung der Natur ist, wahrgenommen?
- Wie fühlen sich für mich im Rückblick der Juni und das alte Jahr an? Gibt es noch etwas, das der Heilung und der Transformation bedarf oder darf es nun gut sein, so wie es ist?
- Was möchte ich definitiv zurücklassen? Notieren Sie sich hier ganz bewusst alle Muster, Glaubenssätze, Situationen und Themen, die Sie nicht ins neue Jahr mitnehmen möchten, weil sie überholt sind und auf immer verabschiedet werden können.
- Welche Verbindungen passen noch zu mir, welche nicht mehr? Abschiede sind oft schwer, mitunter aber notwendig.
- Wonach sehnen sich mein Herz und meine Seele? Nach ganz besonderen Verbindungen, danach, mehr Zeit mit Herzensprojekten zu verbringen, nach mehr Nähe oder nach mehr Abstand? Welche Empfindungen kommen bei dieser Frage?
- Kann ich mich selbst annehmen und lieben mit allem, was ich mitbringe? Darf auch bei mir selbst mehr Selbstakzeptanz und Liebe kommen? Kann ich das zulassen?

Tagesritual - Das Herzchakra stärken

Unsere innere Quelle sitzt in unserem ***Herzchakra (Anahatha Chakra)***, unserem Energiezentrum für Liebe, Güte und Mitgefühl. Das Herzchakra schafft die Verbindung zu uns selbst und zu den Menschen in unserem Umfeld, unseren Familienmitgliedern, Freunden, zu allen, die uns nahestehen. Ist unser Herzchakra weit geöffnet, können wir uns selbst lieben und annehmen, und teilen unsere Herzenergie meist gerne. Sind wir einmal oder sogar mehrmals enttäuscht worden, werden wir vorsichtig, öffnen unser Herz nicht mehr bereitwillig, haben Angst vor Verletzungen und lassen unser Herzchakra verschlossen.

Herzchakra und die sechs weiteren Chakren

Was ist eigentlich ein ***Chakra*** und wo sitzt dieses? Um dies zu verdeutlichen, stellen Sie sich nicht nur Ihren physischen Körper, sondern auch die Hülle aus feinstofflicher Energie, die so genannte ***Aurahülle***, vor. Von der Aura eines jeden Menschen haben Sie vielleicht schon gehört. Diese feinstoffliche Hülle umgibt uns, sie ist weder ertastbar, noch ist sie bspw. auf einem Röntgenbild sichtbar - und dennoch ist sie vorhanden, genauso wie die Luft, die wir atmen. Menschen mit einer starken und gesunden Aura sind präsent, es sind Menschen, die sofort Aufmerksamkeit auf sich ziehen, wenn sie einen Raum betreten. Ursache hierfür sind die Präsenz und die starke Aura dieser Person, die völlig unabhängig von rein äußerlichen Attributen ist. Menschen mit einer schwachen Aura - die Aura ist schwach, wenn wir uns selbst schwach fühlen, bspw. aufgrund von Gefühlen wie Verlust, Wut usw. - sind dagegen weniger sichtbar, sie gehen eher in der Masse unter und fallen nicht auf.

Bild 30 - © depositphotos - AvoraAndrey
Frau mit Chakren

In unserer Aura befinden sich insgesamt sieben Energiezentren, die Chakren (Chakra: Sanskrit, m., चक्र, cakra, [ʧʌkɽʌ], wörtlich: ‚Rad', ‚Diskus', ‚Kreis'). Wie das Herzchakra, sind auch die übrigen Chakren nicht sichtbar - es handelt sich um feinstoffliche Energiezentren.

Wir können unsere Chakren selbst stärken, indem wir sie von der Wurzel bis zur Kopfkrone - also von unten nach oben - aktivieren.

Muladhara Chakra, unser Wurzelchakra

Unser Wurzelchakra ist der Sitz unserer Stabilität, unserer Wurzeln, unserer Familie - kurzum, von allem, was uns erdet und uns Stabilität gibt. Unser Wurzelchakra befindet sich in unserem Becken, am unteren Ende der Wirbelsäule. Sinnbildlich steht jedes Chakra für ein anderes Element - das Wurzelchakra steht für das Element Erde. Brechen in unserem äußeren Leben Säulen wie Familienmitglieder, Arbeit, das Zuhause oder sonstige wichtige Anker weg, ist es wichtig, das Wurzelchakra zu schützen und zu stärken.

Svadhistana Chakra, unser Solarplexus Chakra

Hier sitzt unsere Lebensfreude, unsere Flexibilität. In diesem Chakra drückt sich weiter unsere Sexualität aus, es besteht Verbindung zum Element Wasser. Svadhistana Chakra befindet sich kurz unter unserem Bauchnabel, im Solarplexus Bereich.

Im Fluss des Lebens mitschwimmen - dies passt genau zu einem ausgeglichenen Solarplexuschakra. Das Leben annehmen, dem Leben vertrauen, auch wenn der Weg nicht vorhersehbar ist oder der Plan einmal ein anderer war - dafür steht ein starkes Solarplexus-Chakra.

Manipura Chakra, unser Feuer Chakra

Das Feuer-Chakra ist das Zentrum für unsere Energie, unseren Willen, voranzukommen, für die Umsetzung all unserer Pläne und Vorhaben. Das Chakra steht sinnbildlich für das Element Feuer, mit Sitz zwei Fingerbreit über dem Bauchnabel. Fühlen wir uns voller Kraft, Zuversicht und Tatendrang, haben wir ein starkes Manipura Chakra. Sind wir dagegen müde, traurig, kraftlos und haben keine Pläne für die Zukunft, - sondern haben gewissermaßen resigniert und uns aufgegeben - ist es wichtig, dieses Feuer wieder zu entfachen und zu stärken.

Anahatha Chakra, unser Herzchakra

Das Herzchakra ist unsere Verbindung zu uns selbst und zu anderen Menschen - es ist der Sitz von Liebe, Mitgefühl und Güte. Das Herzchakra befindet sich in der Mitte unseres Brustraums, auf der Höhe unseres anatomischen Herzens. Es ist verbunden mit dem Element Luft. Lieben wir uns selbst und können diese Liebe auch anderen schenken, ist unser Anahatha Chakra weit geöffnet, pulsierend und lebendig. Haben wir viele Enttäuschungen erlebt und sind zu vorsichtig, fühlt sich unser Herzchakra fest verschlossen an.

Vishudda Chakra, unser Kehlkopfchakra

Nun verlassen wir die dem Irdischen zugewandten Elemente und steigen weiter nach oben in die geistigen Elemente. Vishudda Chakra ist mit dem Element Äther verbunden, hat seinen Sitz in der Kehlkopfgegend und steht für unsere Kommunikation. Es steht also dafür, wie wir mit anderen Menschen kommunizieren, uns mitteilen, sowohl verbal als auch nonverbal. Auch welche Worte wir wählen und wie wir uns ausdrücken, um unsere Botschaften zu transportieren, obliegt dem Kehlkopfchakra.

Ajna Chakra, das dritte Auge

Ajna Chakra, das sechste Energiezentrum, hat seinen Sitz genau zwischen unseren beiden Augenbrauen. Hier befindet sich unsere Intuition, unsere Wahrnehmung, alles, was wir jenseits von logischen Erklärungen spüren dürfen.

Dieses Chakra regelmäßig zu schützen und zu festigen, beispielsweise durch Meditation, hilft uns, unsere Intuition zu stärken.

Sahasrara Chakra, unser Scheitelchakra

Gehen Sie nun zu Ihrem höchsten Punkt am Kopf, Ihrem Scheitelpunkt. Hier ist der Sitz Ihres höchsten Chakras, Sahasrara. Es ist unserer Verbindung zum Göttlichen, zum Universum, losgelöst von Raum und Zeit. Dies ist der ideale Zustand, den es zu erreichen gilt.

Wie stärke ich meine Chakren?

Wenn Sie spüren, dass alle Ihre Chakren einer Reinigung und Stärkung bedürfen, begeben Sie sich in eine angenehme Meditationshaltung und bringen Aufmerksamkeit und Atem nacheinander zu jedem einzelnen Chakra - beginnend beim Wurzelchakra und endend beim Scheitelchakra.

Stärkung von Anahatha Chakra, Ihrem Herzchakra

Nehmen Sie eine aufrechte Sitzposition auf Ihrem Meditationskissen oder Ihrem Block ein. Lassen Sie das Becken sinken, die Wirbelsäule lang werden. Schließen Sie die Augen. Legen Sie nun die linke Hand auf Ihr Herz, in der Mitte der Brust, die rechte auf Ihre Bauchdecke. Atmen Sie tief und ruhig, nehmen Sie die Verbindung zwischen Ihrem Herzen und Ihrem Bauch wahr. Stellen Sie sich Ihr Herzchakra in einer für Sie passenden Farbe vor, vielleicht in einem intensiven Rot, einem kräftigen Orange oder einem kraftvollen Grün. Schicken Sie Ihren Atem, der warm und weich fließt, dorthin.

Stellen Sie sich vor, dass Sie mit jedem Atemzug Ihr Herzchakra noch etwas mehr leuchten lassen und die Herzenergie gestärkt wird. Wenn Empfindungen wie Freude, Trauer, Dankbarkeit aufkommen, so lassen Sie diese ganz wertfrei kommen. Alles darf sein, in diesem gegenwärtigen Moment. Bleiben Sie für einige Minuten in Ihrer Herzchakrameditation. Wiederholen Sie diese täglich, schon nach wenigen Tagen werden Sie Veränderungen spüren - in Ihrer Verbindung zu sich und zu anderen.

Naturritual

Der Wald ist ein Ort, der gerade an den Rauhnächten viel Energie und Kraft birgt. Deshalb sollen wir während der Rauhnächte den Wald aufsuchen, wann immer sich die Möglichkeit bietet. Insbesondere, wenn klirrende Kälte über das Land zieht, wenn es regnet oder schneit und die Winterstürme toben, können wir den Wald ganz besonders intensiv erleben. Den Elementen ganz ausgesetzt zu sein, gehört sicher zu den eindringlichsten Erfahrungen der Rauhnächte.

Vielleicht möchten Sie heute einen langen Spaziergang im Wald machen, auf einem Weg, den Sie noch nicht kennen. Gehen Sie langsam, achtsam und lassen Sie sich Zeit, Ihre Umgebung ganz bewusst, mit allen Sinnen, wahrzunehmen. Was sehen Sie rechts und links des Weges, den Sie gehen? Ist der Wald dicht, fühlt er sich beschützend an? Gibt es einen Baum, vielleicht eine alte Eiche, der als heiliger Baum gilt? Möchten Sie vielleicht eine Weile unter der Eiche stehen bleiben und ihre Kraft spüren auf davon aufnehmen? Was hören Sie? Ist es leise auf dem Weg, auf dem Sie sind? Können Sie vielleicht Geräusche aus dem Unterholz wahrnehmen?

In unserer heutigen Zeit haben wir Erwachsene häufig unsere feine Wahrnehmung mit allen Sinnen, die wir als Kinder noch hatten, verlernt. Stellen Sie sich ein Kind vor, vielleicht Ihr Kind, Ihr Enkelkind, ein Kind aus Ihrer Familie: Wie rasch nehmen Kinder ihre Umgebung wahr, wie fein sind Augen, Ohren, ihre Nase, also die gesamten Sinneswahrnehmungen.

Wie groß ist auch die Begeisterung der Kinder für scheinbar kleine Dinge - bspw. für lange Eiszapfen an einem Dach, für schönen Pulverschnee am Morgen, blühende Blumen oder ein Regenwurm am Wegesrand. Auch eine zugefrorene Pfütze weckt Interesse, die Rinde eines Baumes, die Blätter, die vom Baum fallen. Wie oft möchten Kinder bei einem Spaziergang stehen bleiben, um die Natur zu bewundern und jede Einzelheit zu bestaunen. Stellen Sie sich nun vor, auch Sie blicken mit den Augen eines Kindes in die Landschaft. Sie werden feststellen, dass Sie jedes noch so kleine Detail um sich herum wahrnehmen und den Schönheiten der Natur mit einem ganz anderen Blick begegnen. Wir dürfen uns jetzt mit voller Aufmerksamkeit den Wundern der Natur, wie den Bäumen, Sträuchern, Steinen, der Erde widmen - all die großen und kleinen Phänomene der Natur, an denen wir meist nur hektisch vorbeilaufen und an denen wir uns eigentlich jeden Tag erfreuen dürften. - wenn wir uns nur die Zeit dafür nehmen würden, anstatt mit bloßem Aktionismus durch die Gegend zu rennen. Sich Zeit nehmen, die Sinne öffnen, den gegenwärtigen Moment schätzen, achtsam sein, - also allen Dingen um uns herum ungeteilte Aufmerksamkeit schenken - das kann die Devise für diese Rauhnacht sein.

Schauen Sie, was Sie auf Ihrem Spaziergang besonders anspricht - ist es das Moos auf den Steinen, das noch immer die grüne Farbe des Sommers trägt? Vielleicht springt ein besonders schöner, glatter Stein an einem Bachlauf in Ihr Auge? Fasziniert Sie der wohltuende Duft der Fichte, die ihr heilsames Bouquet verströmt? Nehmen Sie gerne einen Fichtenzweig mit nach Hause, um Ihren Kraftplatz bzw. Ihren Altar damit zu verschönern. Wenn Sie den Fichtenzweig auf Ihrem Altar sehen, können Sie bisweilen die Augen schließen und sich noch einmal die mystischen und heilsamen Eindrücke des Waldes vergegenwärtigen.

Teemischung für den heutigen Tag

Bereiten Sie sich heute einen Tee, bestehend aus Malvenblüten, Fenchel und Frauenmantel zu. Füllen Sie den Tee in eine schöne Tasse oder in Ihren Lieblingsbecher, trinken Sie den warmen Tee achtsam und mit Genuss.

- Malvenblüten: Unterstützt uns, wohlwollend zu uns und zu anderen zu sein.
- Fenchel: Hilft, loszulassen und Anhaftungen zu vermeiden. Macht uns flexibel und offen dem Leben gegenüber.
- Frauenmantel: Beschützend und einhüllend, vermittelt uns ein warmes Gefühl und Geborgenheit.

Räuchermischung für die 6. Rauhnacht

Nehmen Sie heute zunächst ein oder mehrere Stücke des Palo Santo (***Heiliges Holz***). Zünden Sie die Holzstücke sogleich an und geben Sie diese in eine feuerfeste Schale. Palo Santo wirkt stark reinigend und klärend, bündelt unsere Konzentration und hilft uns, den Fokus nicht aus den Augen zu verlieren.

Nehmen Sie später eine Mischung aus Zedernholz und Guggul - **Guggul** ist das Gummiharz, das aus dem Saft des indischen Myrrhebaums (Commiphora Mukul) gewonnen wird. Die beiden Komponenten helfen uns, im gegenwärtigen Moment anzukommen, zentriert zu bleiben, uns nicht im hektischen Tun zu verirren, sondern auch einmal in der Stille und im eigenen Selbst zu verweilen.

Sobald die Kräutermischung und die Kohle nur noch glimmen, geben Sie Ihre Tageswunschkarte in die Glut und übergeben Sie diese dem Feuer.

Die Ahnen ehren

Wissen Sie um die Geschichte Ihrer Familie, um die Personen, die dahinter stehen, um die Generationen vor Vater, Mutter, Großvater und Großmutter? Falls nicht, wen können Sie diesbezüglich fragen?

Fühlen Sie sich mit Ihrer Familie verbunden, gibt es in Ihrer Heimat noch die Stätten aus der Kindheit? Existiert Ihr Elternhaus oder das Haus Ihrer Großeltern noch? Welchen Ort bezeichnen Sie selbst als Ihre Heimat? Ist es der Sitz Ihrer Familie oder ein anderer Ort?

Wir tragen häufig von Generation zu Generation und auch über Generationen hinweg bestimmte Themen und Muster mit uns. Ist Ihnen bekannt, welche Kräfte, Glaubenssätze und Energien in Ihrer Familie weitergegeben werden? Was macht uns aus, als Mensch, als Teil einer Familie, in der langen Ahnenreihe?

Heute darf ein Tag sein, an dem wir unseren Ahnen danke sagen dürfen, sie segnen und ehren dürfen, dafür, was sie uns weitergegeben und uns hinterlassen haben. Nehmen Sie alte Familienfotos und Erinnerungsstücke in die Hand, vielleicht haben Sie auch einen Stammbaum. Legen Sie entsprechende Fotos oder Erinnerungstücke auf oder vor Ihren Kraftplatz oder Altar, zünden Sie eine Kerze an und finden Sie einen Moment der Besinnung und der Stille. Verbinden Sie sich mit den Generationen vor Ihnen, schauen Sie, welche Bilder und Empfindungen sich zeigen dürfen. Bedanken Sie sich am Ende Ihrer kleinen Ahnenreise bei Ihren früheren Generationen.

Lassen Sie die Fotos oder Gegenstände noch bis zum nächsten Tag auf Ihrem Altar und beobachten Sie, ob sich heute Nacht in Ihren Träumen noch etwas bzw. jemand zeigen darf.

Vor dem Zubettgehen - Verbindung zur eigenen Familie schaffen

Richten Sie nun den Fokus, nachdem Sie Ihrer Ahnen gedacht und diese gesegnet haben, auf Ihre Familie - auf Ihren Partner, Ihre Partnerin, Ihre Kinder, Ihre Eltern und Geschwister. Vielleicht auch auf Onkel, Tante, Cousine und andere Verwandte, wenn Ihnen diese besonders nahestehen. Schließen Sie die Augen und stellen Sie sich Ihre Familienmitglieder ganz klar vor Ihren Augen vor. Nehmen Sie wahr, wie kostbar es ist, diese Menschen in Ihrem Leben zu haben. Und machen Sie sich in diesem Moment auch bewusst, wie wertvoll das Leben ist und wie kurz und endlich unsere Zeit auf Erden ist. Wen würden Sie besonders vermissen, wenn er/sie plötzlich nicht mehr in Ihrem Leben wäre? Was würden Sie in diesem Fall noch gerne sagen/tun? Und bei wem täte es Ihnen unendlich leid, wenn Sie dies nicht mehr könnten? Werden Sie sich Ihrer Gedanken, Empfindungen und Gefühle bewusst. Bewerten Sie diese Ihre Gefühle nicht als gut oder schlecht, sondern lassen Sie diese einfach da sein.

Alsdann überlegen Sie sich, bei welchem Familienangehörigen Sie sich heute Abend noch gerne melden würden - sei es telefonisch, per Kurznachricht oder schriftlich, in Form eines Briefes.

Wer würde sich ganz besonders über eine Geste der Aufmerksamkeit, der Dankbarkeit und der Liebe freuen? Nehmen Sie sich hierfür Zeit, bevor Sie nach Abschluss Ihrer heutigen Rauhnachtsrituale zu Bett gehen.

Schöne Träume!

Affirmation

„Ich ehre alle Teile meines Wesens.

Du ehrst alle Teile deines Wesens."

7. Rauhnacht | 30.-31. Dezember | Vorbereitung für den Übergang

Das neue Jahr steht unmittelbar bevor. Um einen unvergesslichen und fließenden Übergang vom alten in das neue Jahr zu bewerkstelligen, gilt es heute, den Übergang angemessen vorzubereiten. Vielleicht kaufen Sie heute Lebensmittel, Leckereien und Getränke für das Silvestermenü ein, richten Ihre Garderobe für die anstehende Silvesterfeier, schmücken Ihr Heim für die Feier im privaten Kreis zuhause. Alternativ dekorieren Sie möglicherweise Ihren Altar und Kraftplatz für einen ruhigen Jahresübergang in Stille daheim. Alle diese Tätigkeiten kennzeichnen den anstehenden Jahresübergang - die Weichen sind bereits auf Neubeginn gestellt.

Sinnbildlich steht diese Rauhnacht für den Monat Juli, den meist heißen Sommermonat, in der die Natur bereits - ganz fein und unsichtbar - ihren Zenit überschritten hat und fast unmerklich Richtung zweite Jahreshälfte und Herbst startet.

Auch Sie bereiten sich heute vor - auf das neue Jahr und den Übergang dorthin. Heute kreieren Sie Ihre eigene Wirklichkeit für die kommenden Monate, Ihre Vision für das kommende Jahr. Werden Sie heute zum Schöpfer Ihrer eigenen Realität - die hierfür nötige Kraft schenkt Ihnen diese besonders energiereiche Rauhnacht.

Kurze Rückschau

Wenn Sie an Ihre Träume der letzten Nacht zurückdenken, können Sie sich noch erinnern, ob und was sich gezeigt hat? Menschen, Empfindungen, Situationen - was konnten Sie sehen und heute Morgen in Ihr Traumtagebuch notieren? Was will noch genauer angeschaut werden und was will für immer verabschiedet werden?

Beispiele für mögliche Tagesfragen

- Wie hat sich der vergangene Sommer für mich angefühlt? War er lang, heiß und endlos, ganz wie ein Sommer meiner Kindheit?
- Welche Erinnerungen habe ich an den Juli, an Situationen und Begebenheiten in diesem Monat? Über was habe ich mich im vergangenen Juli besonders gefreut, wie waren die Empfindungen dabei? Mit welchen Menschen habe ich diese geteilt?
- Wie begegne ich Neuem in meinem Leben? Fühle ich mich ängstlich, mutig, manchmal überfordert? Auf welche Weise gehe ich neue Pläne und Vorhaben an?
- Was und wen wünsche ich mir für das kommende Jahr in mein Leben? Welche Träume dürfen Realität werden? Was darf kraftvoll manifestiert werden, damit es eintritt?
- Welche Sehnsüchte in mir möchten endlich im neuen Jahr gestillt werden?
- Welche Gedanken und Wünsche tragen Sie schon lange mit sich herum, die Sie nun realisieren werden?

Stellen Sie sich das neue Jahr wie eine leere Seite in Ihrem Tagebuch vor, die Sie nach Herzenslust füllen können - mit Ihren Plänen, Wünschen und Träumen.

Märchen und Göttinnen/ Götter der Rauhnächte

Vielleicht gibt es heute und in den nächsten Tagen etwas Zeit und Muße, um in Märchen und Sagen einzutauchen. Es gibt unzählige Überlieferungen, Märchen und Sagen mit Bezug zu den Rauhnächten - zum Beispiel Frau Holle, Knecht Ruprecht usw. In früheren Jahrhunderten waren es die Menschen gewohnt, sich Geschichten, Sagen und Märchen zu erzählen - in einer Zeit, wo kaum jemand lesen konnte, Bücher unerschwinglich waren und Erfindungen wie Fernseher, Internet und Social Media noch in weiter Ferne lagen.

Gerade an kalten Wintertagen, wenn die Arbeit des Feldes längst ruhte, die Zeit still war und die Abende dunkel und kalt waren, rückten die Menschen zusammen und das Erzählen und Zuhören von Geschichten war eine willkommene und freudvolle Abwechslung vom oft harten Alltag. Frauen und junge Mädchen zogen mit ihrem Spinnrad von Haus zu Haus und in geselliger Runde tauschte man Geschichten aus, die nicht selten von einer Generation zur nächsten überliefert wurden. Auch keltische, germanische und römische Gottheiten hatten ihren Platz am Kaminfeuer früherer Jahrhunderte.

In den Rauhnächten öffnen sich die Portale zur Anderswelt, die Grenzen zwischen Diesseits und Jenseits verschwimmen, davon waren schon unsere Vorfahren fest überzeugt.

In dieser Zeit spüren wir eine besondere Nähe zu unseren Ahnen und vielleicht auch zu anderen Wesen dieser Tage - Götter und Göttinnen, Tiere der Ober- und der Unterwelt, Naturwesen und Geister. Was darf sich bei Ihnen zeigen? Achten Sie auf alle Zeichen, möchten diese noch so unscheinbar sein.

Odin und die Wilde Jagd

Odin, der Kriegsgott der nordischen Mythologie, der in manch stürmischer Rauhnacht mit seinem Heer - der Wilden Jagd - über den Himmel braust, ist eine zentrale Figur der Rauhnächte.

Odin jagt auf seinem achtbeinigen Pferd Sleipnir und in Begleitung von Hunden sowie seiner Raben über den Himmel, im Schlepptau das Totenheer, Geister und Dämonen. Sie alle dürfen während der Rauhnächte ihr Unwesen treiben, ziehen los in den Nächten, mit markerschütterndem Geschrei und ächzendem Jammern. In manchen Nächten ist an Odins Seite seine Gemahlin Frigg. Frigg kennen wir hauptsächlich unter dem Namen Frau Holle (oder im Süden Deutschlands auch als Perchta). Wenn Sie in einer stürmischen und kalten Rauhnacht draußen unterwegs sind, dann werfen Sie doch einmal ganz bewusst einen Blick zum Himmel - was können Sie erkennen?

Einen Pferdeschweif, Hunde, mehrere wütende Reiter? Sichtet man die Wilde Jagd am Himmel, so ist es auf jeden Fall ratsam, diese nicht zu provozieren, sondern sich still zu verhalten, den Kopf abzuwenden und sich ggf. gar niederzulegen, um nicht von dem wütenden Heer mitgerissen zu werden.

Ritual für alle Naturwesen

Heute ist ein guter Tag, um den Naturwesen kleine Opfergaben darzubringen.

Richten Sie etwas Nahrung auf einem schönen Teller, nehmen Sie diesen mit in den Wald und stellen Sie den Teller unter einen Baum Ihrer Wahl. Wenn Sie den Teller für die Naturgeister unter einem Baum abgestellt haben, verlassen Sie den Ort. Den Teller können Sie am nächsten Tag wieder holen - ganz sicher wird er leer sein.

Auch die Vögel sollten Sie nicht vergessen und für diese entsprechendes Futter kaufen oder aber aus Saaten Vogelfutter selbst zusammenmischen. Das Futter können Sie in die Äste von Bäumen oder Sträuchern hängen - gerade an kalten Wintertagen finden Vögel kaum Nahrung und jeder Leckerbissen wird von diesen dankbar angenommen werden. Die Tiere des Waldes sind eng mit den Naturwesen verbunden - tun Sie also auch diesen etwas Gutes. So kann die Fülle des neuen Jahres auf allen Ebenen einziehen.

Räuchermischung

Eine passende Räuchermischung für den heutigen Abend, für den Übergang und den Neubeginn, besteht aus Rosmarin, Lemongras, Wacholder, Galgantwurzel, Eukalyptusblättern und Copal. Wenn Sie Ihre Räuchermischung selbst anfertigen und eine Zutat nicht zur Hand haben, so sind die übrigen Bestandteile völlig ausreichend. Mischen Sie Ihre verfügbaren Zutaten gründlich und beginnen alsdann mit der Räucherung. Während Sie beobachten, wie der Rauch aufsteigt, denken Sie an Ihre Pläne und Visionen für das kommende Jahr. Lenken Sie Ihre Aufmerksamkeit auf die Bilder, die aufkommen dürfen.

Seien Sie sich bewusst, dass unsere Energie immer der Aufmerksamkeit folgt. Sie verstärken also immer das, worauf Sie Ihre Gedanken richten - seien es positive oder negative Themen.

Gehen Sie in eine entspannte Nacht

Wie würde sich heute ein entspannendes Bad oder eine Wohlfühldusche vor dem Zubettgehen anfühlen? Als Zutaten eignen sich naturreine, entspannend wirkende ätherische Öle, wie bspw. Lavendel, Orange oder Vanille. Tauchen Sie mit allen Sinnen in das warme, weiche Nass ein und genießen Sie das wohltuende Gefühl der vollkommenen Entspannung. Das Element Wasser hilft uns, Altes und Verbrauchtes abfließen zu lassen. Während Sie das Wasser über Ihren Körper gleiten lassen, stellen Sie sich vor, was Sie heute abwaschen und loslassen möchten. Lassen Sie allen Ballast, Altes und Verbrauchtes los, um Platz für Neues zu schaffen.

Lüften Sie Ihr Schlafzimmer nach Ihrem Bad nochmals gut durch, trinken Sie vielleicht noch einen warmen Tee und machen sich dann bereit für eine entspannte Nachtruhe. Was gibt es Schöneres, als sich an einem kalten Winterabend unter die warme Decke zu kuscheln und dem Sturm zu lauschen, der draußen tobt und dem Schnee oder Regen, der gegen die Fensterscheiben peitscht. Nehmen Sie dieses wohlige Gefühl mit in Ihre Träume.

Affirmation

„Ich kann in jedem Moment Liebe fühlen.
Du kannst in jedem Moment Liebe fühlen."

8. Rauhnacht |31. Dez.-1. Jan. | Neubeginn & Hoffnung

Neue Ziele anstreben, Liebe und Hoffnung säen, sich öffnen für alle Veränderungen, die kommen dürfen. In der Silvesternacht stehen wir an der Schwelle zum neuen Jahr. Wir dürfen Altes verabschieden und Neues einladen. Rituale wie Räuchern, Visualisieren und verschiedene Formen der Wahrsagung (Orakel, Wachsgießen usw.) begleiten uns beim Übergang ins neue Jahr.

Die achte Rauhnacht steht sinnbildlich für den Monat August. Der achte Monat des Jahres ist die Zeit, in welcher der Sommer zwar noch in voller Kraft steht, die Tage aber langsam wieder kürzer werden. Der Zenit des Jahres ist bereits überschritten. Betrachten Sie vor Ihrem inneren Auge den Monat August: Woran denken Sie, mit welchen Ereignissen und Bildern verbinden Sie diesen Monat?

In der Silvesternacht wünschen wir unseren Freunden und Familien viel Glück für das kommende Jahr - wir wünschen unseren Lieben Glück bei all ihren Plänen und Vorhaben sowie dass ihre Wünsche Realität werden mögen. Den Übergang in das neue Jahr bewusst wahrzunehmen, prägt den Start für das neue Jahr. Spüren Sie Ihre Träume und Visionen und verbinden Sie diese mit den innigsten guten Wünschen für bestes Gelingen.

Der letzte Rückblick auf das alte Jahr

Werfen Sie heute nochmals einen Blick zurück auf die letzte Rauhnacht. Hat Sie vielleicht Odin mit seinem wilden Heer in Ihren Träumen verfolgt? Oder sind andere Figuren oder Symbole aufgetaucht, die Sie eventuell gar nicht richtig zu deuten wissen? Wenn sich uns bestimmte Phänomene zeigen, ob im Traum oder tagsüber in einer Art Vision, verblassen diese Eindrücke meist wieder rasch. Notieren Sie deshalb immer gleich in Ihrem Tagebuch, was sich gezeigt hat. Mitunter gibt es Tage, Wochen oder Monate später eine Erklärung zu den Themen, die sich vor geraumer Zeit im Traum gezeigt haben.

Heute ist nicht nur der Blick zurück in die letzte Rauhnacht, sondern auch der Rückblick auf das gesamte vergangene Jahr: Was soll ab morgen der Vergangenheit angehören, was möchten Sie nicht ins neue Jahr mitnehmen, sondern im alten Jahr belassen?

Beispiele für Tagesfragen

Mögliche Fragen, die Sie sich in der Silvesternacht stellen können, sind beispielsweise:

- Welche Erinnerungen habe ich an den vergangenen August? Wie habe ich diesen Monat verbracht? War ich zu Hause oder im Urlaub, vielleicht im Ausland?
- Nehme ich heute bewusst den Übergang in das neue Jahr wahr? Falls nein, was würde mir dabei helfen?
- Wie gehe ich bisher mit Übergangssituationen um? Was möchte ich daran in der Zukunft ändern? Oder soll alles so bleiben?
- Wenn sich alle meine Wünsche und Vorstellungen für das neue Jahr erfüllen würden, wie würde sich das anfühlen? Fröhlich, leicht? Spüre ich dann Freude, Staunen, Leichtigkeit? Oder ist für mich die Erfüllung meiner Wünsche und Sehnsüchte selbstverständlich und ein altvertrautes Gefühl?
- Mit welchem Gefühl möchte ich dem neuen Jahr begegnen, wie möchte ich es willkommen heißen?
- Welche Träume und Pläne möchte ich in den nächsten zwölf Monaten verwirklichen?
- Welche Menschen sind mir wichtig? Welchen Personen möchte ich ein schönes neues Jahr wünschen?
- Und welche Menschen möchte ich auch im neuen Jahr um mich haben?

Nehmen Sie sich ausreichend Zeit für Ihre Tagesfragen und beantworten Sie diese ganz bewusst. Vielleicht stellen Sie sich diese Fragen bereits am Nachmittag oder am frühen Abend, um sich schon auf Rituale wie das Orakeln oder Wachsgießen um Mitternacht einzustellen und um die Schwingungsenergie, die am Übergangstag zwischen den Jahren besonders hoch ist, noch weiter zu erhöhen.

Der Duft ätherischer Öle

Möchten Sie sich heute am wohlriechenden Duft von ätherischen Ölen in Ihren Räumen erfreuen? In welche Stimmung möchten Sie sich versetzen? Es gibt zahlreiche ätherische Öle mit unterschiedlichen Wirkungen: Während manche ätherische Öle entspannend und beruhigend wirken, versetzen uns andere ätherische Öle in einen Zustand der Leichtigkeit und der Freude.

- Ylang-Ylang: Sinnlicher Duft, passt zu festlichen Anlässen. Gleichzeitig beruhigend.
- Bergamotte: Hilft uns dabei, zur Ruhe zu kommen. Bergamotte unterstützt uns, in Balance zu kommen, wirkt ausgleichend.
- Mandarine: Harmonisierend. Hebt die Stimmung.

Räuchermischung für die Silvesternacht

Nehmen Sie sich heute besonders viel Zeit, und gehen Sie mit Ihrem Räuchergefäß durch Ihre gesamte Wohnung bzw. Ihr Haus. Betreten Sie jedes Zimmer Ihrer Wohnung und formulieren Sie dort einen ganz besonderen Wunsch, der zum jeweiligen Raum passt. So äußern Sie bspw. in der Küche den Wunsch, stets frisches und liebevoll zubereitetes Essen zu kochen. Im Wohnzimmer denken Sie an ein allzeit harmonisches Miteinander innerhalb der Familie. Im Arbeitszimmer können Sie um kreative Gedanken und Ideen bitten. Nehmen Sie sich für jeden Raum ein paar Minuten Zeit, visualisieren Sie Ihren Wunsch, lassen Sie dabei den Rauch und den dazugehörigen Duft in alle Zimmerecken und bis zur Decke ziehen.

Gehen Sie dann in aller Achtsamkeit weiter in den nächsten Raum.

Auf diese Weise stimmen Sie auch Ihr Zuhause energetisch auf das neue Jahr ein, Sie lassen gute Gedanken aufkommen und bringen wertvolle Energien in alle Räume.

Räuchermischung für die Silvesternacht

Eine wunderbare Räuchermischung für den Übergang vom alten ins neue Jahr besteht aus Ringelblumen, Wacholder, Copal, Orangenblüten, Eisenkraut, Lorbeer und Rosmarin. Mit dem Duft der Bestandteile, die teilweise Visionen wecken oder verstärken, können Sie den Übergang ins neue Jahr sehr bewusst wahrnehmen. Wenden Sie sich mit Freude allem zu, was im neuen Jahr kommen mag und laden Sie dies mit offenem Herzen in alle Räume und in Ihr Heim ein.

Nehmen Sie sich nach dem Räuchern noch die Zeit, Ihr Wunschkärtchen für diese Nacht in Ihrem Räuchergefäß anzuzünden - übergeben Sie auch dieses Kärtchen den Flammen und dem Feuer der Transformation.

Ritual des Wünschesammelns

Welche Wünsche haben Sie für das nächste Jahr? Vielleicht gibt es einige kleinere Wünsche - möglicherweise haben Sie aber auch einen großen Wunsch, den Sie visualisieren und von dem Sie sich vorstellen, dass er im nächsten Jahr in Erfüllung geht. Nehmen Sie ein passendes Blatt Papier, ein Stück Holz oder trockene Baumrinde (die Sie bereits im Herbst gesammelt haben). Notieren Sie alsdann mit einem schönen Stift Ihre Wünsche bzw. Ihren Wunsch auf das Papier bzw. das Holz oder die Rinde.

Denken Sie nun an Ihren Kraftbaum in Ihrer näheren Umgebung. Vielleicht handelt es sich um eine alte Eiche, unter der Sie manchmal nach einem Spaziergang oder nach einer Radtour eine kurze Pause einlegen? Oder ist es eine knorrige Fichte oder eine Tanne, die auf Ihrer Abendrunde liegt?

Oder ist es ein alter Apfelbaum in Ihrem Garten, unter dem eine gemütliche Sitzbank steht?

Bringen Sie Ihr Papier (bzw. das Stück Holz oder die Rinde) mit Ihren Wünschen zu genau diesem Kraftbaum. Sie können das Papier (bzw. das Holz oder die Rinde) unter dem Baum vergraben oder es einfach neben dem Baum ablegen - je nachdem, was sich für Sie gut und stimmig anfühlt. Nehmen Sie eine Weile neben bzw. unter dem Baum Platz und kommen Sie in eine kurze Meditation.

Nehmen Sie die Energie des Baumes und des Platzes wahr und kommen Sie mit Ihren Gedanken nochmals zu Ihren Wünschen. Lassen Sie diese in Bildern vor Ihrem inneren Auge vorbeiziehen. In Ihrer Vorstellung dürfen diese Wünsche sich bereits erfüllt haben - nehmen Sie dieses Gefühl ganz intensiv und bewusst wahr.

Wenn Sie in den kommenden Wochen und Monaten an ***„Ihrem"*** Kraftbaum vorbeikommen, denken Sie an Ihre Wünsche - manch einer hat sich vielleicht bis dahin schon erfüllt?

Silvesternacht - Die Orakelnacht

Bereits in früheren Jahrhunderten wussten die Menschen um die Bedeutung der Orakel in der Nacht an der Schwelle vom alten zum neuen Jahr. In dieser Nacht sind die Tore zur Anderswelt besonders weit geöffnet und wir sind sehr empfänglich für Hinweise und Zeichen aus einer anderen Welt. Insbesondere, wenn im neuen Jahr Entscheidungen anstehen, für die man sich Klarheit erhofft, können Tarot, Pendeln, Runen oder Wachsgießen hier gute Hilfestellung leisten. Alle diese Rituale unterstützen uns dabei, Zeichen aus der anderen Welt in die unsere zu übertragen.

Entscheiden Sie sich vor dieser magischen Rauhnacht, welches Orakel Sie befragen möchten. Was fühlt sich stimmig für Sie an? Sind es die Runen oder doch eher die Tarotkarten? Befragen Sie am besten ein Orakel, jedoch nicht mehrere in einer Nacht.

Tarotkarten ziehen

Prüfen Sie ein Deck eingehend, bevor Sie es kaufen. Sehen Sie sich alle Karten an und entscheiden Sie dann, ob Ihnen Symbolik und Stil zusagen. Meist liegt dem Deck ein Buch bei, sehen Sie sich auch dieses genau an.

Nachdem Sie ein Tarotdeck erworben haben, sollten Sie es energetisch aufladen und es auf diese Weise zu Ihrem eigenen machen. Bewahren Sie es an einem sicheren Ort auf, wo niemand Zugriff darauf hat.

Es gibt verschiedene Möglichkeiten, das Tarot zu lesen und zu legen. Sie können sich die Karten natürlich auch von jemand anderem legen lassen, üblicherweise werden Sie jedoch die Karten für sich selbst legen. Wichtig ist, dass Sie die Karten zuerst mischen - auf diese Weise absorbieren diese Ihre Energie. Auch sollten Sie sich auf jeden Fall einen ruhigen Ort wählen, um die Karten zu legen.

Sie können auch ganz einfach eine Tageskarte ziehen, die Ihnen etwas über die Energien und Aufgaben des Tages verrät. Wollen Sie etwas über die entferntere Zukunft wissen, so ziehen Sie drei Karten - jeweils eine für die Vergangenheit, eine für die Gegenwart und eine für die Zukunft. (Die Karten, die Sie ziehen, sowie Ihre Interpretation können Sie schriftlich festhalten, ebenso wie Sie es bei Ihren Träumen möglicherweise schon machen.).

Manchmal kann es vorkommen, dass Sie bei einer ausstehenden Entscheidung Tarotkarten ziehen - in diesem Fall tendieren Sie jedoch bereits stark in eine Richtung. Denn in dieser Situation haben Sie Ihre Antwort bereits - die Vorbereitung auf das Tarotlegen hat Ihnen dabei geholfen, dass Sie sich über Ihre Gefühle klarer werden.

Runenorakel

Odin erlangt das Wissen um die Bedeutung der einzelnen Runen, indem er sie bereist. Jedes Runensymbol bezeichnet eine Ur-Kraft oder einen Archetyp, der an der Schöpfung beteiligt ist. Daher finden Sie Analogien zu jeder Rune auch in Ihrem Leben sowie in der Natur in Pflanzen, in anderen Lebewesen und Steinen. Es gibt astrologische und numerologische Entsprechungen sowie zugehörige schöpferische Prinzipien und Gottheiten. Jede Rune hat einen eigenen Charakter, ein eigenes Temperament, eine eigene Energie und eine eigene mystische Bedeutung. Die Runen dienen deshalb gleichermaßen dem Orakeln und Weissagen - nicht zu Unrecht sagt ein germanisches Sprichwort: ***„Runen raunen rechten Rat"***.

Die Runen des 24-er **Futhark** bergen die Magie und die Kräfte der nordischen Mysterien. Sie sind vielseitig einsetzbar, wobei ihre Kraft mit den Fähigkeiten des Menschen steigt. Als **Futhark** bezeichnet man die gemeingermanische Runenreihe und die aus ihr hervorgegangenen Variationen.

Drei Runen

Die Anzahl der Runen leitet sich aus dem verwendeten Divinations- oder Legesystem und der Art der Frage ab. Für eine einfache Weissagung ziehen Sie drei Runen und legen diese von links nach rechts in einer Reihe aus. Die linke Rune zeigt die Vergangenheit, die mittlere die Gegenwart, die rechte die Zukunft. Daneben gibt es komplexere Legesysteme, aus denen sich detailliertere Informationen ableiten lassen.

Affirmation

„Ich lasse meine Kraft mühelos fließen.

Du lässt deine Kraft mühelos fließen."

9. Rauhnacht |1.-2. Januar | Licht und Segen

Licht und Leben, ein Neubeginn - das neue Jahr ist angebrochen und darf nun mit den allerbesten Wünschen gesegnet werden. Ob in Form von Gebeten, Ritualen oder kleinen Gesten - bitten Sie die Götter und die höheren Mächte um ihren Segen, um Schutz und gutes Gelingen für alles im neuen Jahr Anstehende.

Sie können natürlich auch selbst aktiv werden: Beschenken Sie Ihnen nahestehende Menschen, Tiere, die Natur sowie Themen, die Ihnen wichtig sind, mit liebevollen Gedanken und hüllen Sie diese in Liebe ein.

Der heutige Tag und die Rauhnacht stehen im Zeichen des Neubeginns. Vielleicht nehmen Sie heute wahr, dass die Energie sich bereits etwas verändert hat. Diese bewegt sich von der sanften, ruhigen Energie, die ähnlich der ***Yin-Energie*** ist, (***Yin*** ist die Energie, die nach innen wirkt, das Gegenteil ist die männliche ***Yang-Energie***) hin zu etwas mehr Aktivität, zu langsamem Aufbruch. Nun können wir uns in unserem eigenen Tempo vorantasten, an diesem Neujahrstag. Wir befinden uns auf energetischer Ebene noch immer mitten im Winter - Wir müssen also nicht gleich einen Sprint einlegen, sondern dürfen im Tempo eines Spaziergangs beginnen und uns dann langsam steigern, Tag für Tag, Woche für Woche.

Die neunte Rauhnacht steht für den neunten Monat, den September. Der Monat gilt auch als fünfte Jahreszeit, als die Zeit zwischen Sommer und Herbst. Es ist die Zeit der Ernte, Äpfel und Pflaumen können nun von den Bäumen gepflückt und genossen werden. Es ist die Zeit, in der das Sonnenlicht warm und golden leuchtet, wenn der späte Nachsommer im Verklingen ist. Jeder Moment ist heilig und verdient Bewunderung und Demut.

Kurzer Rückblick zur Silvesternacht

Wie haben Sie die letzte Nacht verbracht? Sind Sie früh zu Bett gegangen oder viel später als gewohnt?

Mit wem haben Sie den Übergang in das neue Jahr zelebriert, waren Sie in Gesellschaft oder haben Sie diese Nacht allein und in Stille verbracht? Fühlen Sie sich heute frisch und energiegeladen oder steckt die lange Nacht noch in den Knochen und in jeder Zelle?

Vielleicht möchten Sie heute das neue Jahr mit einem Spaziergang am Morgen begrüßen. Während der Schnee vielleicht unter Ihren Füßen knirscht, bewundern Sie die Eiskristalle auf den Ästen. Sie atmen die klare, kalte Winterluft ein, die Ihnen neue Energie schenkt. Lassen Sie Ihren Blick umherschweifen und nehmen Sie die Natur ganz bewusst wahr.

Wenn wir offenen Auges langsam einen Schritt vor den anderen setzen, nicht im üblichen schnellen Tempo unseres Alltags, offenbart sich uns viel Unentdecktes und Schönes.

Üben Sie Sich in Dankbarkeit für diese scheinbar kleinen, doch so authentischen Momente des Lebens. Man weiß, dass tief empfundene Dankbarkeit wiederum noch mehr Freude in unser Leben zieht - indem wir unsere Aufmerksamkeit auf alles Schöne und Positive richten. Warum also heute nicht einmal ganz bewusst und voller Dankbarkeit durch die schöne Winterlandschaft schlendern und sich daran erfreuen?

Beispiele für Tagesfragen

- Wofür möchte ich heute ganz besonders dankbar sein?
- Welche Dinge und Menschen sehe ich häufig als selbstverständlich an? Möchte ich ihnen genau heute danken und ihnen sagen, wie viel sie mir bedeuten?
- Wen möchte ich segnen und ihm/ihr gute Gedanken und Herzenswärme senden?
- Befinde ich mich heute in meiner inneren Mitte und im Gleichgewicht? Kann ich meine innere Mitte spüren? Wie fühlt sie sich an?
- Was habe ich im letzten Jahr im September unternommen und erlebt? Kann ich mich noch an die Zeit der Herbst-Tag-und-Nacht-Gleiche erinnern?
- Welche Ernte möchte ich im neuen Jahr einfahren? Worauf möchte ich meinen Fokus legen?
- Höre ich bereits auf meine Intuition? Durfte sich diese im Laufe der bisherigen Rauhnächte verfeinern? Vertraue ich darauf und möchte ihr künftig mehr Raum schenken?

Ritual zur Gestaltung der Zukunft

Heute benutzen wir Feuer, um die Gestaltung der Zukunft in Angriff zu nehmen. Sie benötigen hierfür eine Kerze, ausreichend Papier, eine Schere und eine feuerfeste Schale.

Zünden Sie eine Kerze an und stellen Sie Ihren Wecker auf 17 Minuten. Nun atmen Sie ein paar Mal tief durch und schreiben anschließend alle Wünsche auf, die Ihnen in den Sinn kommen. Sie können auch Themen wählen, von denen Sie sich verabschieden möchten. Lassen Sie genügend Abstand zwischen den einzelnen Wünschen, damit Sie das Papier später in einzelne Abschnitte trennen können. Wenn die 17 Minuten vorbei sind, zerschneiden Sie das Papier in einzelne Abschnitte. Jeder Wunsch ergibt einen Papierstreifen. Sortieren Sie die wichtigsten Wünsche aus, die Sie sofort verbrennen möchten. Es ist ratsam, nicht mehr als zehn einzelne Streifen auf einmal ins Feuer zu geben.

Die Streifen können Sie nun aufrollen oder zusammenfalten. Geben Sie diese in die feuerfeste Schale und zünden Sie das Papier mit der Kerze an. Sie können die Wünsche auch in einem Lagerfeuer verbrennen.

Falls Wünsche übrig bleiben, können Sie diese mit der Zeit dem Feuer übergeben. Folgen Sie hierbei einfach Ihrer Intuition. Feuer löst das Papier auf und transportiert Ihre Wünsche in den Äther. Erwarten Sie Überraschungen.

Ritual der Segnung, der Dankbarkeit und der guten Wünsche

Welche Menschen möchten Sie heute anrufen? Welchen Personen möchten Sie evtl. schreiben oder auf andere Weise mit ihnen in Kontakt treten, um ihnen gute Wünsche zu übermitteln? Vielleicht möchten Sie eine schöne Neujahrskarte überbringen, ein Marzipanschwein oder ein vierblättriges Kleeblatt als Glücksbringer? Wen möchten Sie heute treffen? Mit all diesen kleinen Gesten am Neujahrstag können Sie zum Ausdruck bringen, dass ihnen die bedachten Personen wichtig sind, dass Sie an diese denken und dass Sie am ersten Tag des neuen Jahres mit lieben Gedanken bei diesen Menschen sind.

Ein wunderschönes Geschenk an Ihre Lieben, welches das ganze Jahr über präsent bleibt, ist bspw. das Gefäß der schönen Dinge und Wünsche. Hierzu basteln oder kaufen Sie ein Gefäß in der Größe eines mittelgroßen Blumentopfes. Das Gefäß kann bspw. aus Holz oder aus feinem Kunststoff mit einem Glaseinsatz gefertigt sein. Visualisieren Sie alsdann die Person, der Sie dieses Geschenk machen möchten. Was möchten Sie diesem Menschen gerne sagen? Welches Symbol verbindet Sie beide? Ist es ein Mensch, der die Natur liebt und dessen Lieblingsbaum bspw. die Eiche ist? Dann legen Sie eine kleine Eichel und eine schöne, zusammengefaltete Karte mit einem Mantra oder einer Affirmation für diesen Menschen in das Gefäß.

Dieses Gefäß darf sich, wenn Sie es dem oder der Beschenkten überreicht haben, im Laufe des Jahres füllen - mit vielen schönen kleinen Dingen, über die der oder die Beschenkte sich am jeweiligen Tag gefreut hat. Gegen Ende des Jahres kann man alle Dinge, die sich im Laufe des Jahres in diesem Gefäß angesammelt haben, herauszunehmen, sich diese nochmals anschauen und sich darüber freuen.

Dies ist natürlich auch ein wundervolles Geschenk, mit dem man sich selbst eine Freude machen kann.

Räuchermischung für das neue Jahr

Heute können Sie Ihre Räuchermischung nach Belieben selbst auswählen. Sie können bspw. eine Mischung aus Salbeiblättern und Rosenblüten, die Sie im letzten Sommer im eigenen Garten geerntet haben, nehmen. Spüren Sie den Geruch, der in Ihnen die Erinnerung an Sonne, lange Sommertage und an die Pflanzen in Ihrem Garten weckt? Denken Sie in Dankbarkeit und auch mit ein wenig Wehmut an den letzten Sommer?

Alternativ können Sie eine andere Mischung Ihrer Wahl aussuchen. Besondere Segenskraft sagt man Weihrauch, Myrrhe und Misteln nach. Verbinden Sie die heutige Räucherung mit einer stillen Meditation vor Ihrem Altar oder an Ihrem Kraftplatz. Atmen Sie tief in Ihr Herzchakra in der Mitte Ihres Brustraumes und lassen Sie das Herzchakra mit jedem Atemzug leuchten und sich weit öffnen. Verbinden Sie sich in Gedanken mit den Lieben, die Ihnen nahestehen, mit Ihrer Herzenergie.

Sie können Ihre Hände vor Ihrem Herzchakra zusammenführen, wie eine Lotusblume. Mit der nächsten Einatmung öffnen Sie diese weit (die Finger gehen auseinander und öffnen sich nach außen). Stellen Sie sich vor, dass über diese Blume alle Unterstützung aus dem Universum strömt, die Sie sich noch wünschen. Und dass - ebenfalls über die geöffneten Finger - Ihre Herzenergie in die Welt fließen darf. Entscheiden Sie selbst, wie lange Sie die Energien fließen und empfangen möchten.

Totembeutelchen mit Glücksbringern aus der Natur

Bei Naturvölkern kennt man als Verbündeten das sogenannte ***Totem***. Das Totem ist auch spiritueller Begleiter, Beschützer und Seelengefährte. Legen Sie sich ein Totembeutelchen zu, in das jeweils ein Verbündeter aus dem Bereich der Pflanzen, der Elemente, der Tiere und der Lichtwesen gehört. Anstelle in ein Totembeutelchen können Sie die Dinge auch an Ihren Totemplatz, z. B. auf Ihren Altar, stellen. Was aus den verschiedenen Bereichen stärkt und bereichert Sie, was bringt Ihnen Glück? Vielleicht ein besonderer Stein, ein Wurzelstück, Erde von einem besonders kraftvollen Berg, eine Muschel von einem schönen Aufenthalt am Meer etc.?

Lassen Sie während der Rauhnächte alles an seinem Platz, damit die Energie wachsen kann. Nach den Rauhnächten können Sie entscheiden, ob Sie vielleicht einen Stein immer in der Handtasche, auf dem Nachttisch oder in einem kleinen Säckchen um den Hals tragen wollen. Unsere Intuition sagt uns immer, welche Unterstützung wir zum jeweiligen Zeitpunkt benötigen.

Yogapraxis am Ende des Tages

Nehmen Sie sich heute Abend Zeit für eine kurze Yin Yoga Sequenz. Im Yin Yoga verlassen wir die Ebene des Denkens und Handelns - die Yang-Energie - und kommen ins Spüren. In der modernen Welt, wo das Yang meist im Vordergrund steht, ist es essenziell, dem Yin bisweilen mehr Beachtung zu schenken. Yin Yoga benötigt keinerlei Muskelanspannung, lediglich tiefes Loslassen auf allen Ebenen. Die einzelnen Asanas (Körperhaltungen) werden ca. drei bis vier Minuten auf jeder Seite gehalten. Für eine entspannte Praxis benötigen Sie eine Yoga- oder Sportmatte oder einfach eine dicke Decke, ein Meditations- oder ein dickes Couchkissen oder ein Yogabolster, eine Decke für die Endentspannung und dicke Strümpfe, damit die Füße nicht auskühlen. Lassen Sie Ihren Raum gut temperiert, damit Sie nicht frieren und auskühlen.

1. Stellung des Kindes (Balasana)

Beginnen Sie in der Stellung des Kindes. Legen Sie die Knie fast mattenbreit auseinander, schieben Sie das Gesäß zurück und lassen Sie die Arme lang werden. Lassen Sie mit dem nächsten Ausatemzug die Stirn zu Boden, auf die Decke oder das Kissen sinken und spüren Sie die Erde unter sich. Verweilen Sie für zehn Atemzüge in dieser Position.

2. Hand-zum-Fuß-Position (Supta Padangusthasana)

Kommen Sie in die Rückenlage und strecken Sie beide Beine lang auf dem Boden aus. Lassen Sie den Nacken lang werden, indem Sie das Kinn sanft zur Brust ziehen. Mit der nächsten Einatmung ziehen Sie das rechte Knie behutsam zum Brustkorb, die Hände halten Sie unterhalb des Knies oder an der Rückseite des Oberschenkels. Halten Sie drei Atemzüge. Dann lassen Sie das Bein lang werden und die Fußsohle Richtung Himmel zeigen, die Zehen zeigen zum Körper. Mit der Einatmung die Fußsohle aktiv Richtung Decke hochdrücken und das Bein lang strecken. Die Hände an der Oberschenkelrückseite anlegen und das Bein noch etwas mehr Richtung Oberkörper ziehen. Eine leichte Dehnung darf in der Rückseite des Beins spürbar werden. Für drei Atemzüge halten. Dann das Bein wieder lösen, beide Beine mit der Ausatmung lang ausstrecken.

Die gleiche Übung wiederholen Sie mit dem linken Bein.

3. Liegender Schwan (Hamsasana)

Kommen Sie für einen Moment in den herabschauenden Hund und führen Sie dann das rechte Bein nach oben in den dreibeinigen Hund. Nehmen Sie das rechte Knie und legen es zwischen den Händen ab. Lassen Sie das Becken tief sinken und den Oberkörper lang werden. Dann tauchen Sie nach vorne über Hände und Arme ab und lassen den Oberkörper lang auf die Erde sinken. Wenn nötig, unterlagern Sie die Hüfte mit einem Bolster oder einem Kissen.

Halten Sie die Übung für acht Atemzüge, wechseln Sie dann die Seite.

4. Krokodil (Makarasana)

Kommen Sie in die Rückenlage, heben Sie die Beine und winkeln Sie diese 45 Grad in der Luft an. Lassen Sie mit dem nächsten Ausatemzug beide Knie nach links Richtung Erde sinken. Beide Arme sind entspannt und abgespreizt vom Körper. Der Blick geht nach rechts oder nach oben Richtung Decke. Halten Sie die Übung acht Atemzüge, dann wechseln Sie die Seite.

5. Schlussentspannung (Shavasana)

Bleiben Sie noch einige Minuten in der Rückenlage. Nehmen Sie bei Bedarf eine Decke und/oder ein Kissen, das Sie unter Ihre Knie schieben können. Schenken Sie sich Zeit für Ihre Endentspannung, schließen Sie die Augen und lassen Sie alle Gedanken zur Ruhe kommen. Die Endentspannung beruhigt unser vegetatives Nervensystem und lässt uns vollkommen abschalten.

Affirmation

„Ich erkenne, was ich wirklich will.
Du erkennst, was du wirklich willst.“

10. Rauhnacht | 2.-3. Januar | Mit Kraft ins Tun kommen

In den letzten Rauhnächten standen unsere Wünsche und Visionen für den Übergang und das neue Jahr im Mittelpunkt. Jetzt geht es darum, unsere Visionen in die Tat umzusetzen, und unseren Willen zu stärken, damit wir genug Kraft für die Verwirklichung unserer Pläne haben. Nun bündeln wir unsere ganze Energie, um unsere Vorhaben auf die nächste Entwicklungsstufe zu bringen.

In der heutigen Rauhnacht fokussieren Sie sich darauf, sich Ihre künftigen Vorhaben und Pläne bildlich vorzustellen. Nehmen Sie sich einen Augenblick Zeit, finden Sie einen ruhigen Ort und schließen Sie die Augen. Je genauer die Bilder in Ihrer Vorstellungskraft und vor Ihrem inneren Auge erscheinen, desto größer sind die Chancen einer erfolgreichen Umsetzung.

Die zehnte Rauhnacht steht für den Monat Oktober, der als Herbstmonat für Fülle steht, weiter für Farben und die Ernte, jedoch auch für das Vergängliche an der Schwelle zur nächsten Jahreszeit, dem Winter.

Eine Rückschau zu den letzten Rauhnächten

Gehen Sie heute in Gedanken nicht nur zur letzten Nacht und zum letzten Tag zurück, sondern auch noch einige Tage und Nächte weiter zurück. Wie erlebten Sie die Rauhnächte bisher? Durften neue Erkenntnisse kommen, sich neue Blickwinkel eröffnen? Hat sich mancher Schleier gelichtet? Sind Sie geerdet, bei sich angekommen?

Was darf die Essenz, die Erkenntnis der bisherigen Rauhnächte sein? Vielleicht, dass Sie sich und Ihrer Intuition wieder (mehr) vertrauen? Sie haben Rituale entdeckt, um bestimmte Themen aufzulösen und stattdessen neue Gewohnheiten und Pläne ganz bewusst in Ihr Leben aufzunehmen. Gibt es währenddessen noch Thmen, die sich unklar, vielleicht auch ungelöst anfühlen? Was sagt Ihnen Ihre Intuition, wie Sie diese Themen (auf)lösen können?

Als wichtigste Erkenntnis aus der ganz besonderen Zeit der Rauhnächte haben wir mitgenommen: Vertrauen Sie jederzeit auf Ihr Gefühl, Ihre Wahrnehmung und Ihre Intuition. Sobald wir wieder beginnen, mehr auf unsere Gefühle und unsere Intuition zu hören, werden wir den richtigen Weg gehen.

Das alte Jahr mit allem, was es gebracht hat, reflektiert abzuschließen und das neue Jahr bewusst willkommen zu heißen, zentriert uns und bündelt unsere Kräfte.

Es ist wichtig, dass Sie sich bei allem, was Sie tun, auf eine Sache fokussieren und dieser die volle Aufmerksamkeit widmen. Wenn wir mehrere Sachen gleichzeitig tun, machen wir die Dinge nur halbherzig: Das schwächt uns und lässt unsere Energie wie durch ein Sieb entweichen. Wir sind nicht mehr bei uns, wir verzetteln uns, wir sind zerstreut, in unseren Gedanken und Handlungen.

Bleiben Sie also immer ganz bei sich - sowohl während der Rauhnächte als auch im nächsten Jahr.

Beispiele für Tagesfragen

- An welche Ereignisse im Oktober des vergangenen Jahres kann ich mich erinnern? Welche Gefühle erlebe ich, wenn ich mich an ein ganz besonderes Erlebnis in diesem Monat erinnere?
- Wie fühlt sich meine Lebensenergie an, kann ich diese ganz bewusst wahrnehmen? Wie könnte ich diese erhöhen? Was macht mich stark?
- Was möchte ich in der kommenden Zeit erreichen?
- Habe ich genug Kraft und Energie, um alle meine Vorhaben anzugehen?
- Wie und mit wem möchte ich meine Zeit verbringen?
- Lebe ich bereits alle meine Werte? Welche Werte dürfen in der Zukunft mehr Aufmerksamkeit und Raum bekommen?
- Welche Gefühle habe ich, wenn ich an das neue Jahr und an all meine Vorhaben denke? Kann ich spüren, wie Energie, Wärme und Freude aufsteigt? Kann ich mich selbst stärken und motivieren - auch an Tagen, die sich dunkel und schwer anfühlen?
- Fühle ich eine schöpferische Kraft in mir?
- Welches Geschenk bringe ich in die Welt? Für welche Themen setze ich mich ein?

Vielleicht passen diese Tagesfragen ganz genau zu Ihrer heutigen bzw. Ihrer derzeitigen Situation, vielleicht möchten Sie aber auch ganz andere Fragen für sich formulieren. Wie auch immer Ihre Situation ist - bleiben Sie fokussiert.

Tagesrituale

Heute stehen zwei Tagesrituale auf dem Programm.

Für das erste Ritual benötigen Sie Ihr bereits erstelltes Visionboard (Anmerkung: Ein Visionboard kann von Zeit zu Zeit verändert werden - auch unser Leben ist keine Konstante und befindet sich im steten Wandel).

Betrachten Sie nochmals Ihre Träume, Visionen und Pläne für die Zukunft. Beginnen Sie nun, kreativ zu werden. - Zeichnen Sie Ihre Träume, beschreiben Sie diese, versehen Sie diese mit den für Sie passenden Symbolen. Schneiden Sie Bilder aus und kleben Sie diese auf - lassen Sie Ihrer Fantasie freien Lauf. Sicherlich sind auch einige Themen und Bilder an Ihrem Board nicht mehr passend. Verabschieden Sie sich von diesen Themen und ersetzen Sie diese durch neue.

Wie hat sich Ihr Visionboard nach getaner Arbeit verändert? Und wie verändert sich Ihr Fokus, Ihre Gedanken, wenn Sie es nun betrachten?

Für das zweite Ritual des Tages benötigen Sie ein schönes Blatt Papier und einen Stift, der Ihnen gut in der Hand liegt und eine schöne Farbe hat.

Wie wäre es bspw. mit dem Goldstift, mit dem Sie Ihre Weihnachtsgeschenke beschriftet haben und Weihnachtswünsche geschrieben haben und der nun noch irgendwo in der Schublade schlummert?

Teilen Sie nun das Blatt Papier in drei Spalten ein, idealerweise im Querformat. Beginnen Sie mit der rechten Spalte (ja, rechts, auch wenn das ungewohnt erscheint). Notieren Sie hier Ihr Thema/Ihren Plan, welchen Sie erreichen möchten. Versehen Sie mit einem konkreten Datum, wann dieses Vorhaben abgeschlossen sein soll. Notieren Sie das Thema und die Beschreibungen auf eine Weise, als hätten Sie bereits heute diesen Stichtag erreicht. Die rechte Spalte ist also Ihre SOLL-Spalte. Legen Sie auf die gleiche Weise neue Spalten für ein oder mehrere Themen an, die Ihnen wichtig sind. Wenn es nötig sein sollte, können Sie auch ein weiteres Blatt Papier zur Hand nehmen. Bleiben Sie aber stets ganz klar und konkret in Ihren Beschreibungen. Wechseln Sie danach zur jeweils linken Spalte des Papiers. Notieren Sie hier das heutige Datum. Nun beschreiben Sie die IST-Situation. Seien Sie auch hier gerne konkret - je konkreter wir in allen Bereichen sind, umso besser kann unsere Aufmerksamkeit und Energie darauf gelenkt werden.

Dann kommen Sie zur mittleren Spalte: Das ist der Bereich für sämtliche Punkte, die es für die Umsetzung der Themen zu erledigen gibt. Es handelt sich dabei um alle Schritte, die Sie gehen möchten/sollten, um Ihre Ziele zu erreichen.

Wer könnte Sie dabei unterstützen? Wie beginnen Sie Ihr Vorhaben, welche Schritte folgen dann? Welchen Widerständen werden Sie begegnen? Tauchen Sie detailliert in die Beschreibungen ein und machen Sie sich auch Gedanken darüber, wie Sie die Kräfte der anderen Welt für Ihre Vorhaben gewinnen können, z. B. in Form einer wohlwollenden Begleitung. Die mittlere Spalte ist also Ihre TUN-Spalte.

Dieses bewusste, fokussierte Vorgehen steht für das konkrete Bündeln von Energien auf ein Ziel hin. Hier schaffen Sie die Verbindung von Kopf und Herz - dies ist wichtig, um rationale Geistesarbeit mit unserer Herzenergie zu verbinden und zu unterstützen. So werden Gefühle und Geist zu einer Einheit verbunden, für gute Impulse und zur Stärkung der ureigenen Intuition.

Meditation

Die zehnte Rauhnacht ist sehr stark von Gefühlen geprägt, weswegen die folgende Meditationsübung hilfreich sein kann, um die schönen Dinge im Leben bewusst wahrzunehmen.

- Suchen Sie einen ruhigen Ort auf, an dem Sie ungestört und entspannt Platz nehmen können.
- Atmen Sie bewusst langsam und tief ein und aus, damit überflüssige Gedanken fortgeschickt werden und Ihr Körper und Geist zur Ruhe finden können.
- Fokussieren Sie sich nun auf das Hier und Jetzt. Öffnen Sie sich vollkommen Ihren Wahrnehmungen. Nehmen Sie alles in sich auf, was Sie sehen, hören, riechen und fühlen können.

Das bewusste Hören und Genießen von harmonischen Klängen oder Musikstücken kann diese meditative Achtsamkeitsübung ebenso fördern wie eine Räuchermischung.

Zusätzlich bieten sich in der zehnten Rauhnacht magische Rituale in der freien Natur an. Ein meditativer und achtsamer Waldspaziergang, das Waldbaden oder auch ein ausgedehnter Winterspaziergang, sind sehr empfehlenswert.

Wann haben Sie bei dieser Gelegenheit das letzte Mal ganz bewusst die kleinen und großen Schönheiten der Natur in sich aufgenommen, wahrgenommen? Wissen Sie noch, wie sich ein Tannenzapfen oder die Borke der alten Eiche im Stadtpark anfühlen? Können Sie sich daran erinnern, wie Winterluft riecht?

Gehen Sie bewusst und langsam spazieren. An einem Tag wie diesem müssen Sie nicht hasten, nicht schnell zum Ziel kommen. Nutzen Sie die Zeit der Bewegung, um wieder einmal alles links und rechts vom Wegesrand wahrzunehmen. Selbst scheinbar unwichtige Details wie die Spitzen der Gräser, die unter der Schneedecke hervorlugen oder das leise Rascheln der nackten Zweige im kalten Winterwind sind es wert, beachtet zu werden.

Räuchermischung für den heutigen Tag

Die heutige Räuchermischung soll Lebenskraft, Handlung, Wahrheit und vor allem Mut und Energie fördern und stärken. Der Duft soll uns darin unterstützen, unsere Kräfte zu bündeln und unsere ureigene Energie hochzuhalten, um unsere Vorhaben und Wünsche gut umzusetzen.

Wählen Sie heute Wacholderspitzen, Drachenblut, Minze, Lebensbaum, Nelke und Kiefernharz für Ihre Räuchermischung des Tages.

Ritual in der Natur

Heute ist ein guter Tag für ein stärkendes Ritual in der Natur, die Wirkung des Rituals wird durch die Räuchermischung unterstützt und verstärkt. Ziehen Sie sich warm an, und packen Sie Ihre Räucherutensilien ein - Ihre Räuchermischung, Ihr Gefäß, Streichhölzer und evtl. eine kleine Tüte Sand oder Steine, um die Glut später zu löschen. Nehmen Sie außerdem Ihr Handy mit, mit Ihrer Playlist, mit einem Song, der Sie an Neubeginn, Freiheit und Leichtigkeit erinnert. Wie ist das Wetter heute? Vielleicht weht ein leichter Schneesturm, oder ist es draußen eher neblig und verwunschen, vielleicht ist der Himmel aber auch klar. Wählen Sie einen Platz in Ihrem Garten, auf einer nahe gelegenen Wiese, im Wald - kurzum, suchen Sie einen Ort, an dem Sie ungestört sind und an dem Sie Ihre Musik laut spielen lassen können, wenn Ihnen danach ist.

Entzünden Sie dann die Räuchermischung, beobachten Sie, wie sich der Rauch in der klaren Winterluft verteilt. Beginnen Sie nun, sich im Rhythmus der Musik zu bewegen und zu tanzen - und strahlen Sie dabei gleichermaßen wie die Musik Freude, Leichtigkeit und Energie aus. Machen Sie sich keine Gedanken, wie Ihr Tanz aussehen mag oder ob dieser gesellschaftskonform ist - bewegen Sie sich einfach nach Herzenslust. Wenn Ihnen danach ist, in das Lied einzustimmen, so tun Sie es.

Bleiben Sie so lange in Ihrem Rhythmus, wie Sie möchten. Vielleicht nur wenige Minuten, vielleicht auch länger. Nehmen Sie die Kraft der Natur um sich herum wahr, die Sie unterstützt und beschützt.

Wenn Sie dazu bereit sind, löschen Sie die Glut in Ihrem Räuchergefäß mit Sand, Schnee oder was auch immer Ihnen zur Verfügung steht. Machen Sie sich beschwingt und mit leichtem Herzen auf den Heimweg. Können Sie spüren, wie die Leichtigkeit und der Rhythmus der Musik in jeder Zelle Ihres Körpers nachschwingt?

Bild 31 - © depositphotos - teotarras
Mantra Ritual

Anmerkung: Wenn es Ihnen vertrauter und sicherer ist, bei diesem Ritual in Ihren eigenen vier Wänden zu bleiben, so tun Sie dies. Nicht jedes Ritual passt für jeden/ jede und mitunter auch nicht zu unserer derzeitigen Stimmung. Spüren Sie, was Ihnen Ihre Intuition sagt, auf welche Weise Sie ***„Ihr"*** Ritual heute zelebrieren möchten.

Ausklang am Abend

Was braucht es heute Abend noch? Vielleicht eine kleine Meditation, eine kurze Yogapraxis, ein schönes Buch, eine Tasse Tee? Oder eine warme und angenehme Dusche, ein Fußbad mit Zusatz von ätherischen Ölen, ein gut gelüftetes Schlafzimmer? Entscheiden Sie, was Ihnen heute Abend behagt. Geben Sie, bevor Sie zu Bett gehen, noch Ihren heutigen Wunsch an die Flammen weiter und löschen Sie dann auch diese Glut sorgfältig.

Affirmation

„Ich zentriere und erde mich.

Du zentrierst und erdest dich."

11. Rauhnacht |3.-4. Januar | Werden und Vergehen

Die elfte Rauhnacht spiegelt uns bildlich und energetisch den Monat November. Der zweitletzte Monat des Jahres bietet Raum für Innenschau; der November gilt als Zeit des Abschieds und des Todes und wir dürfen ihn mit all seiner Dunkelheit und Stille willkommen heißen. Hier bewahrheitet sich auch der Spruch: ***Erst in der Dunkelheit wird alles sichtbar***. Dies gilt für diese Rauhnacht gleichermaßen wie für die anderen Rauhnächte.

Der Blick auf den kompletten Lebenszyklus, das Werden und Vergehen, die Geburt und der Tod, all dies wird heute präsent. Auch für persönliche Entwicklungswege und Projekte gilt dieser ewige Zyklus. Wir dürfen uns heute darauf einlassen, in die Stille und Konzentration einzutauchen, uns bewusst mit sinnhaften Themen und Vorstellungen zu beschäftigen. In den vergangenen Rauhnächten haben wir uns unserem eigenen Ursprung genähert, unsere Familie und unsere Wurzeln betrachtet und daraus Kraft geschöpft. Wir haben mehr und mehr unserer Intuition und unserer eigenen inneren Führung vertraut. Wir haben unsere sozialen Beziehungen angeschaut und durchforstet. Vielleicht ist es uns auch gelungen, unser Herz (wieder) mehr zu öffnen und unser Licht in die Welt zu tragen. Nun ist erneut Zeit, Herz und Verstand noch mal die Sinnhaftigkeit unseres Tuns prüfen zu lassen. Denn Sinnhaftigkeit in Taten, Gesten und Worten ist nur dann gegeben, wenn sowohl Herz als auch Verstand entflammt sind. Dann entsteht eine Energie, die sich nicht mehr bremsen lässt und wir gehen gezielt in die eine Richtung - nach vorne, unseren Plänen, Träumen und Vorstellungen entgegen.

Der gestrige Abend und die Nacht in der Rückschau

Spüren Sie für einen Augenblick in Ihren Körper. Schließen Sie hierzu die Augen. Bleiben Sie gerne im Stand und ziehen Sie, wenn möglich, Strümpfe und Schuhe aus.

Nehmen Sie wahr, wie sich Ihr Körper heute anfühlt, nach Ihrem gestrigen Tanz. Ist er leicht, weich, durchlässig? Haben Sie das Gefühl, dass alle Zellen noch nachschwingen? Oder fühlt sich Ihr Körper eher müde und schwer an? Nehmen Sie Ihre Empfindungen einfach wahr, ohne diese bewerten zu wollen. Und spüren Sie in sich hinein, was Ihnen jetzt und heute guttun würde, um Körper und Geist ruhig und leicht werden zu lassen. Was würde Ihnen nun guttun? Ein Winterspaziergang, eine stille Meditation, ein gutes Gespräch, ein entspannendes Bad - oder möchten Sie vielleicht einfach in Ruhe eine Tasse heißen Tee trinken? Bereitet es Ihnen Freude, in Ihrem Traumtagebuch zu blättern und den Eintrag des heutigen Morgens noch mal zu lesen und sich zu erinnern? Trauen Sie Ihrer Intuition, diese wird Sie gut führen.

Heutige Tagesfragen

- Wo liegt der Sinn meines Lebens und was möchte ich gerne auf die Erde und in die Welt bringen?
- Wie erlebe ich den November? Ist er für mich einfach nur dunkel und melancholisch oder zeigt sich mir in der Dunkelheit auch viel Schönes und Helles?
- Wie habe ich den letzten November erlebt? Kann ich mich bspw. noch an Allerheiligen, den Tag der Verstorbenen und der Ahnen, erinnern? Hat dieser Tag eine besondere Bedeutung für mich?
- Die Natur zeigt uns täglich den immerwährenden Zyklus von Werden und Vergehen. Wie gehe ich damit um?
- Sind meine Vorhaben für das kommende Jahr wirklich sinnstiftend? Und gibt es Dinge in meinem Leben, die sich für mich nicht mehr sinnstiftend anfühlen und die ich langsam ziehen lassen darf?
- Wie ist meine Einstellung zum Tod? Kann ich mich gut von Personen, Situationen und Dingen verabschieden?
- Von was darf ich genau heute Abschied nehmen?
- Wie lege ich meine Konzentration auf die Dinge, die mir tief in meinem Inneren sinnstiftend vorkommen und die ich erreichen möchte?

Visualisieren Sie die Fragen, mit denen Sie in Resonanz gehen. Nehmen Sie sich Zeit für die Beantwortung der Fragen - wenn Sie möchten, auch für das Malen/Beschreiben einer schönen Karte oder eines Blattes für Ihr Visionboard.

Heutiges Ritual - Die Kraft unserer Ahnen

Bis heute sind viele Bräuche früherer Jahrhunderte und vormaliger Völker bei uns lebendig. Die keltischen Bräuche beinhalten bspw. - wie auch die Bräuche nahezu aller Kulturen - den Ahnenkult oder Manismus (**von lat. Manes *„Geister der Verstorbenen“***). Unsere Ahnen sind es, die das heutige Leben hervorgebracht haben und die Ahnengeister haben auch die Kraft, uns zu beschützen und zu segnen.

Erinnern Sie sich heute an Ihre Ahnen und an die Kraft, die Sie von ihnen für Ihren Lebensweg mitbekommen haben. Vielleicht haben Sie Fotos von Ihren Vorfahren, denen Sie heute einen besonderen Platz widmen möchten, weiter Erinnerungsstücke, die Sie auf Ihren Altar legen. Vielleicht möchte Sie heute eine schöne Kerze, die Sie Ihren Ahnen widmen, zum ersten Mal entzünden. Möglicherweise möchten Sie in alte Geschichten versinken, die Ihnen von Ihren Eltern oder Großeltern erzählt wurden. Bedanken Sie sich für alles, was Sie von Ihren Ahnen erhalten haben - Mut, Kraft, Stärke, auch Verletzlichkeit und jede weitere Charaktereigenschaft, die Sie persönlich ausmacht. Und wenn es noch etwas zu vergeben gibt, beispielsweise den eigenen Eltern oder den Großeltern, dann ist heute ein guter Zeitpunkt dafür.

Nicht zuletzt befreit der Akt der Vergebung auch uns selbst von psychischem Schmerz, seelischen Wunden, Blockaden und der Gefahr, immer wieder in gleiche Muster zu verfallen.

Für eine gute Verbindung zu all denen, die nicht mehr auf unserer irdischen Welt sind, sorgt heute der Besuch eines Friedhofes. Dies muss nicht zwingend der Friedhof sein, auf dem sich Familiengräber befinden.

Sie können auch einen anderen Friedhof wählen und dort die Stimmung, den Zauber und die Stille auf sich wirken lassen, um sich geistig mit Ihren Ahnen verbinden zu können. Unter anderem können Sie bei dieser Gelegenheit auch um den Segen der vorangegangenen Generationen für Ihre neuen Pläne und Visionen bitten. Gehen Sie entlang der Gräber, nehmen Sie Steine, Pflanzen, die Energien bei und zwischen den Gräbern wahr. Ist es ein Friedhof mit alten, hohen Bäumen, die im Winter Schutz und im Sommer Schatten spenden? Können Sie hier Menschen, ihre Schicksale, ihre Geschichten wahrnehmen?

Bevor Sie den Friedhof wieder verlassen, sprechen Sie ein kleines Gebet als Dank für Ihre Ahnen, Ihre Wurzeln, für das Geschenk des Lebens.

Rituelles Bad

Mit einem rituellen Bad harmonisieren Sie heute Ihre Energien und lösen Blockaden sowie Altlasten aus Ihrem Körper. Wir alle machen in unserem Leben schmerzhafte Erfahrungen. Doch wir müssen nicht in diesen festhängen. In jedem Moment haben wir die Wahl, diese Muster zu wiederholen oder neu zu beginnen. In jedem Augenblick können wir von der Dunkelheit in das Licht der Liebe treten. Ein entspannendes Bad ist ein ebenso beglückendes wie befreiendes Ritual. Die Kombination von Wasser mit Salz und ätherischem Öl verwöhnt Ihre Sinne und befreit Sie von überflüssigem Ballast. Bereiten Sie Ihr Badezimmer vor: Kerzenlicht verbreitet warmes Licht und eine wohlige Stimmung. Besonders hübsch sieht eine Vielzahl von Teelichtern aus, die Sie im gesamten Raum verteilen.

Für Ihr Bad bereiten Sie das Badesalz folgendermaßen zu:

- 1 Tasse Meersalz
- 1 Esslöffel Jojobaöl, Kokosöl oder ein anderes Trägeröl Ihrer Wahl
- 15 Tropfen naturreines ätherisches Öl

Geben Sie das Salz in eine Schüssel und vermischen Sie es mit dem Trägeröl und dem ätherischen Öl. Sie können auch größere Mengen Badesalz zubereiten und in einem luftdichten Gefäß aufbewahren. Die oben genannte Menge reicht für ein üppiges Vollbad.

Die ätherischen Öle können Sie selbst wählen. Beim Kauf von ätherischen Ölen sollten Sie möglichst 100 % naturreine Öle aus biologischem Anbau wählen. So gehen Sie sicher, dass die Öle naturbelassen und nicht verändert sind und nur das Öl der angegebenen Stammpflanze enthalten. Wichtig ist, dass es sich um natürliche ätherische Öle handelt, keinesfalls sollten Sie synthetische Öle verwenden, da diese schädlich sind und keine positive Wirkung haben.

So baden Sie genussvoll

Zunächst füllen Sie die Badewanne mit Wasser. Anschließend vermischen Sie das Badesalz mit dem Wasser und rühren so lange um, bis sich die Salzkristalle aufgelöst haben. Wenn Sie das Badesalz zu früh ins Wasser geben, verflüchtigen sich die Aromen der ätherischen Öle.

Steigen Sie mit der Absicht ins Badewasser, dass dieses Ihren Körper und Ihre Aura von überflüssigen Energien und Blockaden befreit.

Sprechen Sie laut: ***„Dieses Wasser reinigt meinen Körper, meinen Geist und meine Seele.“***

Besonders entspannend ist das Bad, wenn Sie dabei meditative Musik hören, wenn Sie bspw. den Vibrationen tibetischer Klangschalen lauschen. Sie können auch Ihre Lieblingskristalle um die Wanne herum positionieren oder diese mit in die Badewanne nehmen. Die Kristalle helfen dabei, unerwünschte Energien zu absorbieren. Nach dem Bad empfiehlt es sich, die Kristalle gesondert unter fließendem Wasser zu reinigen.

Im Folgen finden Sie eine kurze Beschreibung von einigen Pflanzen, deren ätherische Öle gerne verwendet werden:

Angelika: Wirkt entspannend. Heilend bei Atemwegsbeschwerden sowie bei Hautproblemen.

Basilikum: Stimmungsaufhellend, auch geeignet bei Schlaflosigkeit und Kopfschmerzen.

Bergamotte: Beruhigend und Stress reduzierend, hilfreich bei Verdauungsstörungen.

Calendula: Hilfreich bei Hauterkrankungen, z. B. bei Entzündungen der Haut.

Eukalyptus: Schmerzlindernd. Antiseptisch. Hilfreich bei Erkältungskrankheiten, z. B. bei Husten und Sinusitis.

Geranium: Stärkt den Kreislauf, vertreibt Nervosität, ideal bei Wechseljahrbeschwerden.

Jasmin: Entspannend und aphrodisierend. Nützlich bei Kopfschmerzen, Menstruationsbeschwerden und Niedergeschlagenheit.

Kamille: Wirkt beruhigend, entspannend. Fördert die Wundheilung.

Lavendel: Wirkt entspannend. Gut bei Rheuma und Muskelschmerzen, sowie bei Schlaflosigkeit und Stress.

Lemongras: Antidepressive Wirkung. Antiseptisch. Fördert die Entschlackung.

Mandarine: Beruhigend, hilfreich bei Schlafstörungen. Krampflösend.

Melisse: Beruhigend und krampflösend.

Nelken: Krampflösend und stärkend, wirksam bei Stress und Migräne.

Neroli: Nervenstärkend und beruhigend, gut bei Erschöpfung und Depressionen.

Orange: Beruhigend und krampflösend, gut bei Nervosität und Stress.

Oregano: Antiseptisch und desodorierend, hilfreich bei schmerzenden Gelenken sowie bei Atemwegsbeschwerden.

Pfefferminze: Antiseptisch und entzündungshemmend. Ideal bei Migräne und Stress.

Rose: Beruhigend, entspannend und stimmungsaufhellend. Stärkt die weibliche Energie.

Rosmarin: Energiespendend, fördert die Konzentration. Steigert die Durchblutung.

Rosenholz: Erfrischend und stärkend, hilfreich bei Müdigkeit.

Salbei: Antiseptisch. Gut bei Erkältungen aller Art sowie bei Menstruationsbeschwerden.

Sandelholz: Aphrodisierend. Beruhigend, angstlösend, antidepressive Wirkung.

Vetiver: Stärkt Kreislauf und löst Krämpfe, gut bei Akne und Rheuma.

Ylang Ylang: Beruhigend harmonisierend. Gut bei Bluthochdruck und Hautkrankheiten.

Zeder: Fördert die Durchblutung und vernichtet Keime aller Art.

Zitrone: Anregend. Ideal bei fettiger Haut, Cellulite und Krampfadern.

Hauptritual

Für dieses Ritual brauchen Sie einen Spiegel, eine Kerze, eine weiche Unterlage sowie einen Raum, in dem Sie nicht gestört werden. Das Badezimmer ist ideal.

Stellen Sie sich unbekleidet vor Ihren Spiegel.

Blicken Sie in Ihre Augen, lächeln Sie und sprechen dann diese Worte:

„Ich bin das Beste, was mir je passiert ist.

Ich bin wertvoll, schön und vollständig.

Ich lasse alle Selbstverurteilungen los.

Weisheit ersetzt meine Unsicherheit.“

Schauen Sie sich in die Augen und nehmen drei tiefe Atemzüge.

Nun klopfen Sie mit dem Zeige- und Mittelfinger auf Ihre obere Körperhälfte, während Sie die obigen Sätze wiederholen.

Lassen Sie sich dabei von Ihrer Intuition leiten. Wo brauchen Sie mehr Bestätigung? An Ihrem Hals, dem Kopf, Ihren Armen? Oder fühlt sich das Schlüsselbein besser an?

Mit einer weichen Faust bearbeiten Sie anschließend Ihren Oberkörper, das Gesäß und die Beine. Dabei wiederholen Sie die Sätze erneut. Das Klopfen hilft uns, neue Überzeugungen im Körper zu verankern.

Anschließend gehen Sie auf Ihrer Unterlage auf allen vieren in die Kuhpose. Dabei lassen Sie den Bauch sinken. Gleichzeitig verlängert sich der Oberkörper. Von der Position Kuhpose ausgehend, machen Sie den Rücken rund, bis Sie in der Katzenpose angekommen sind.

Dann lassen Sie sich auf die Fersen sinken und ruhen sich in der ***Stellung des Kindes*** aus. Dieser Ablauf von Bewegungen aktiviert die ***Craniosacral-Flüssigkeit*** in der Wirbelsäule.

Räuchermischung

Die elfte Rauhnacht symbolisiert die Sinnhaftigkeit und den Kreislauf des Lebens und der Natur. Wir Menschen sind eins mit dem großen Zyklus, durch welchen sich die Natur im Jahreskreis bewegt. Jetzt, während der stillen Räucherzeremonie, darf sich auch der tiefere Sinn des Jahresplanes, unseres Jahresplanes, zeigen.

Mischen Sie heute Galbanum, Königskerze, Fenchel, Eisenkraut, Kiefernharz, Frauenmantel und Mädesüß in Ihrem Räuchergefäß. Entzünden Sie die Mischung, nehmen Sie wahr, wie der Rauch langsam aufsteigt, und achten Sie auf Ihre inneren Bilder und Gefühle, die sich offenbaren dürfen.

Ziehen von Engelkarten

Heute ist eine sehr kraftvolle Rauhnacht und eine wundervolle Gelegenheit, unsere Ahnen und die geistige Welt um Unterstützung für all unsere Vorhaben zu bitten.

Was darf ich einladen, für was um Unterstützung bitten, was erwartet mich? Eine wundervolle Möglichkeit für die Kontaktaufnahmen sind Engelkartendecks, die Sie in vielen verschiedenen Auflagen und Ausfertigungen kaufen können - sei es in einer Buchhandlung, im Esoterikladen oder mitunter auch in kleineren, inhabergeführten Läden mit Geschenkartikeln. Ihre passenden Engelkarten werden Sie ansprechen und Sie werden gefunden werden.

Nehmen Sie sich Zeit für das Ziehen der Karten und schaffen Sie hierfür einen geschützten Raum. Wenn Sie die Karten tagsüber ziehen, können Sie diese auch mit an einen geschützten Platz in der Natur nehmen. Alle Rituale, die wir in der Natur vollziehen, haben weitaus mehr Energie und Kraft als Rituale, die in geschlossenen Räumen praktiziert werden.

Zünden Sie nun eine Kerze an und legen Sie schöne Gegenstände in die Mitte. Dann mischen Sie die Karten und legen Sie diese in einem Halbkreis vor sich hin. Formulieren Sie Ihre Bitte bzw. Ihre Frage ganz präzise, sodass kein Raum für Interpretation bleibt, sondern die Fragestellung ganz eindeutig ist. Dann bitten Sie die Engel und Ihre Ahnen um Beistand und ziehen die erste Karte. Je nach Art des Kartendecks bleibt es bei einer Karte oder es kommt noch eine weitere und evtl. auch eine dritte Karte dazu.

Bild 32 - © depositphotos - FotoHelin
Engelkarten

Lesen Sie sich die Bedeutung der Botschaft genau durch. Ist es für Sie stimmig und klar, was die geistige Welt Ihnen sagen möchte? Mitunter bleibt uns die Botschaft auch erst verschlossen und wir verstehen die Bedeutung der Botschaft erst zu einem späteren Zeitpunkt. Bleiben Sie im Vertrauen, dass alles in diesem Moment richtig ist, so wie es ist. Sie können die Karte(n) alsdann auf Ihren Altar, in Ihr Traumtagebuch oder an einen anderen schönen Ort Ihrer Wahl legen. Bedanken Sie sich bei Ihren Engeln, den Ahnen und der geistigen Welt für die Botschaft und die Impulse, die Ihnen geschickt wurden.

Affirmation

„Ich schwebe im Gleichgewicht zwischen Himmel und Erde.
Du schwebst im Gleichgewicht zwischen Himmel und Erde."

12. Rauhnacht | 4.-5. Januar | Die Nacht der Wunder - Der Kreis schließt sich

Die zwölfte Rauhnacht bricht an und mit dieser Nacht darf sich der Kreis allmählich schließen. Diese Rauhnacht wird mitunter als die Nacht der Wunder bezeichnet, vielfach wird sie auch als die magischste und gleichzeitig kraftvollste Rauhnacht angesehen. Die Zeit des Abschließens, der Vergebung und des inneren Friedens ist nun gekommen. Ein neuer Zyklus und ein neuer Lebensabschnitt dürfen beginnen, Altes und nicht mehr Benötigtes dürfen verabschiedet werden.

Am Tag der vergangenen Wintersonnwende, am 21. Dezember, wurde das Licht neu geboren. Mit jedem weiteren Tag darf es nun heller und lichtvoller werden. Die letzte Rauhnacht steht sinnbildlich für den Monat Dezember, den letzten Monat des Jahres. Eine Rückschau zum Dezember des letzten Jahres dürfte heute leichtfallen, da der Dezember als Advents- und Weihnachtsmonat meist in präsenter Erinnerung ist. Auch als Monat der Liebe und Hoffnung ist der Dezember in gutem Gedächtnis. Auch die Rituale, Notizen und Erkenntnisse der letzten Tage erleichtern uns eine Rückschau auf den Dezember.

Kleine Rückschau zur letzten Rauhnacht und zu den vorangegangenen Nächten

Welche Erinnerungen und Erkenntnisse verbinden Sie mit den vergangenen Rauhnächten? - Lernen, erfahren, spüren. Auflösen, was keinen Platz mehr in unserem Leben hat. Geschehnisse annehmen und integrieren. Themen wohlwollend einräuchern, bei denen (im Moment) kein Loslassen möglich ist. Vergeben und sich selbst frei machen - von Vorstellungen, Mustern und Erwartungen.

Welche Aspekte sind für Sie besonders stark in Erscheinung getreten? Sind diese in einer bestimmten Nacht aufgetreten oder in allen Nächten? Welche Erkenntnisse möchten noch verarbeitet werden, damit sie sich allmählich setzen können? Was darf gehen, was darf noch bleiben?

Es geht in den Rauhnächten nicht nur darum, Altes und als störend Wahrgenommenes zu entfernen, sondern auch mit einem milden Blick zu betrachten, was noch nicht abgeschlossen ist und noch bleiben darf. Denn zu unserem Leben gehören auch schwierige Situationen - diese geben uns die Gelegenheit, uns zu entwickeln und daran zu wachsen.

Die Erkenntnisse und Erfahrungen der Rauhnächte haben unseren Geist befreit und erweitert - nun können wir gelassen auf Situationen und Themen in unserem Leben schauen, mit der Gewissheit, dass sich die Dinge fügen und alles zum rechten Zeitpunkt geschieht.

Schauen Sie sich heute die Einträge in Ihrem Traumtagebuch nochmals an und lassen Sie anhand Ihrer Aufzeichnungen die letzten Nächte nochmals Revue passieren. Bedanken Sie sich bei sich selbst für die Zeit und die liebevolle Zuwendung, die Sie sich geschenkt haben. Danken Sie auch der geistigen Welt, mit der wir alle verbunden sind, für die Träume und Erkenntnisse, die Sie während dieser ganz besonderen Zeit erhalten haben.

Integrieren Sie Ihr Traumtagebuch bereits heute in ein Ritual für das Ende des Jahres: Legen Sie es an einen schönen Platz oder geben Sie Ihrem Traumtagebuch eine passende Stelle in Ihrem Bücherregal. Am letzten Tag des Jahres nehmen Sie es wieder zur Hand. Nehmen Sie sich an diesem Tag zunächst Zeit für Ihren eigenen, ganz persönlichen Jahresrückblick - Lassen Sie das Jahr entweder in Gedanken Revue passieren oder schreiben Sie Ihre Überlegungen auf ein Blatt Papier auf. Lesen Sie anschließend Ihre Aufzeichnungen im Traumtagebuch Monat für Monat nach. Häufig sind Zusammenhänge rasch offensichtlich, oftmals aber auch erst im nächsten Jahr oder sogar Jahre später.

Stellen Sie sich heute folgende Frage: Wie fühle ich mich heute, wie geht es mir? Es mag sein, dass Sie sich heute oder bereits in den letzten Tagen etwas müde und erschöpft fühlen.

Vielleicht sind Sie aber auch ganz besonders aktiv, energetisiert, sehr kraftvoll. All diese Empfindungen haben ihre Berechtigung, denn Sie haben in den letzten Tagen viel auf energetischer Ebene angestoßen, wobei jeder Mensch anders auf diese starken energetischen Kräfte reagiert.

Reinigungsritual für die letzte Rauhnacht

Unsere Ahnen haben besonders in der letzten Rauhnacht intensiv Wohnräume und Ställe - in früheren Zeiten gab es kaum Gebäude ohne Stallungen und Tiere - mit Harzen und Kräutern gereinigt. So sollten zum Abschluss der Rauhnächte alle unguten Energien Auszug halten und günstige Energien und Segen in die Räume einziehen, für gute Gesundheit und Wohlbefinden, für Mensch und Tier. Zur Räucherung benutzten die Menschen in früheren Zeiten vorzugsweise Weihrauch oder weißen Salbei, wobei letzterer häufig im eigenen Garten angepflanzt wurde und daher in großen Mengen vorhanden war. Mit dem Salbei brachte man außerdem den Duft des Sommers in das eigene Zuhause - diesen unverwechselbaren Geruch nach Wärme, Sonne, Leichtigkeit und Sommerwiesen. Heutzutage verfügen wir meist nicht mehr über einen Stall, dafür besitzt unser Haus oder unsere Wohnung meist einen Keller, eine Garage und einen Speicher. Nehmen Sie sich daher Zeit für eine wirklich intensive Räucherung aller Zimmer und (Neben-)Gebäude, die zu Ihrem Zuhause gehören. Reinigen Sie alle für Sie wichtigen Plätze so lange, bis sich tiefe Ruhe und Vertrauen einstellen darf. Für sensitive Menschen ist dies fühlbar - Spüren auch Sie genau hin. Nach dem Räuchern öffnen Sie alle Fenster und Türen weit und lassen frische, klare Winterluft einströmen. Stellen Sie sich für einen Moment an ein geöffnetes Fenster und bedanken Sie sich bei den geistigen Kräften und beim Universum für die Gnade der Reinigung und Heilung.

Bild 33 - © depositphotos - FotoHelin
Räuchern mit Salbeibündel zur Reinigung

Kleine Meditation

- Nehmen Sie an einem ruhigen Ort Platz, wo Sie gänzlich ungestört sind.
- Verlangsamen Sie Ihre Atmung, in dem Sie bewusst ein- und ausatmen.
- Schließen Sie die Augen und sehen Sie sich mit der Kraft Ihrer Vorstellungsgabe in einem großen Licht.
- Dieses Licht hüllt Sie vollkommen ein und erzeugt ein wärmendes Gefühl bei Ihnen.
- Stellen Sie sich nun vor, wie Ihr Atem zu Licht wird, und wie er sich in Ihrem ganzen Körper ausbreitet.
- Mit jedem Atemzug dringt dieser lichtgewordene Lebenshauch tiefer in Sie ein, bis er Sie gänzlich auszufüllen scheint.

Beispiele für Tagesfragen

- Was werde ich aus den Rauhnächten für mich mitnehmen?
- Gibt es etwas, was ich künftig regelmäßig in mein Leben integrieren will?
- Worüber habe ich mich in den vergangenen Nächten gefreut, was durfte ich erfahren, was hat sich mir gezeigt?
- Was hat sich besonders stimmig angefühlt? - Welche weiteren Wunder möchte ich gerne in mein Leben lassen?
- Was war möglicherweise irritierend oder störend für mich?
- Welche Anteile in mir dürfen noch (mehr) Heilung erfahren?
- Welches Thema sollte ich noch einmal mit einer klaren Energie und einer fokussierten Ausrichtung betrachten? - Eventuell ist daür in einigen Wochen ein besserer Zeitpunkt als gerade jetzt.
- Gibt es Themen, die sich hartnäckig halten, mich eventuell schon seit Jahren begleiten? Wie kann ich diese auflösen?
- Kann ich mich noch an den letzten Dezember erinnern bzw. was verbinde ich mit dem letzten Dezember? Welches Thema oder welche Situation ist besonders präsent?
- Lebe ich mein wahres Ich und mein volles Potenzial?

Die Nacht der Transformation

In der heutigen Nacht ist die Kraft für Transformation, für Veränderung, für Umkehr und für das Loslassen von Altem besonders stark. Für das heutige Ritual benötigen Sie einen schönen Stift, ca. 10-15 Notizzettel, Ihr Räuchergefäß, weitere Räucherutensilien, Streichhölzer, warme Kleidung und einen klaren, offenen Geist. Wenn Sie möchten, führen Sie das vollständige Ritual in der Natur, bspw. in Ihrem Garten oder an einem schönen Platz im Wald oder auf einer Wiese, durch. Wenn das Wetter Ihnen einen Strich durch die Rechnung macht, beginnen Sie Ihr Ritual in Ihrem Zuhause.

Rufen Sie sich alle negativen Themen, Verhaltensmuster, Situationen, Eigenschaften, die Sie nicht mehr bei sich und in Ihrem Leben haben möchten, ins Gedächtnis. Denken Sie auch an alles, was Ihre Seele belastet (vielleicht bereits seit Jahren oder sogar seit Ihrer Kindheit). Notieren Sie diese Punkte jeweils auf einem Notizzettel (Jedes Thema wird auf einem eigenen Blatt vermerkt). Gehen Sie nun - wenn es das Wetter zulässt - an Ihren bevorzugten Platz in der Natur. Wenn Sie dort angekommen sind, verbrennen Sie die Zettel und infolgedessen auch die negativen, belastenden Themen. Verbrennen Sie einen Zettel nach dem anderen, und geben Sie diese und alles Negative in Ihrem Leben an das Universum ab. Schauen Sie in die Flammen und nehmen Sie den transformierenden Aspekt wahr. Spüren Sie, wie befreiend dieses Ritual ist?

Beginnen Sie anschließend, alle negativen Aspekte in positive umzuschreiben. Nehmen Sie auch hier für jeden Aspekt ein eigenes Blatt. Eine Formulierung könnte etwa lauten: ***„Ich mag meine Ungeduld und meine Charaktereigenschaft, schnell auszuflippen und die Beherrschung zu verlieren, nicht"***.

Formulieren Sie diese Botschaft nun positiv und notieren Sie: ***„Ich bin froh, dass ich in der Lage bin, Emotionen zu fühlen, zuzulassen und diese positiv wahrzunehmen. Sie sind Teil meiner Person und zeichnen mich aus. Ich agiere jedoch immer respektvoll mir selbst und anderen Menschen gegenüber."***

Sammeln Sie nun alle Notizzettel. Überlegen Sie alsdann, welches Ihr Element ist (entsprechend Ihrem Sternzeichen, nach Ihrer Vorliebe, entsprechend Ihrem persönlichen Geburtshoroskop etc.). Wenn Sie kein Element bevorzugen, wählen Sie dieses, welches Sie heute besonders anspricht.

Wenn Sie sich für eines der vier Elemente Erde, Wasser, Feuer oder Luft entschieden haben, gehen Sie wie folgt vor:

Element Erde

Übergeben Sie die positiv formulierten Aspekte und Wünsche der Erde. Finden Sie einen schönen Platz, eventuell unter einem Baum, auf einer Lichtung oder an einem schönen Ort in Ihrem Garten. Graben Sie mithilfe einer Schaufel oder einem ähnlichen Werkzeug ein kleines Loch in die Erde. Legen Sie die Zettel dort hinein und verschließen Sie das Loch wieder mit Erde. Sprechen Sie danach ein kurzes Gebet, indem Sie um Annahme und Integration bitten.

Element Wasser

Finden Sie einen Fluss, einen Bach, einen See oder ein sonstiges Gewässer, an dem Sie sich auch sonst gerne aufhalten. Ganz wundervoll eignet sich hier auch ein Wasserfall - durch den schnellen Lauf des Wassers wirkt der Wasserfall ganz besonders kraftvoll und transformierend. Übergeben Sie Ihre Zettel - einen nach dem anderen oder auch alle gleichzeitig - mit einem energischen Wurf dem Wasser. Beobachten Sie, wie die Zettel langsam versinken und die Flexibilität und die Kraft des Wassers auf das Papier wirkt. Schließen Sie für einen Moment die Augen und verbinden Sie sich mit der höheren Kraft und den Wesen des Wassers.

Element Feuer

Die starke, sehr transformierende Wirkung des Feuers haben Sie bereits kennengelernt. Übergeben Sie die Papiere dem Feuer und beobachten Sie, wie aus der Hitze Glut entsteht und der Rauch nach oben aufsteigt.

Nehmen Sie sich Zeit für eine kurze Segnung oder bitten Sie die geistigen Helfer darum. Löschen Sie die Glut anschließend sorgfältig mit Schnee oder Sand.

Element Luft

Die Luft als leichtes, feines, spielerisches Element trägt alles davon - negative Glaubenssätze, alte (Verhaltens-)Muster und auch die Zettelchen mit den positiv formulierten Themen. Stellen Sie sich auf eine Anhöhe, auf einen Berg oder erklimmen Sie einen nicht zu hohen Baum und übergeben Sie die positiven Dinge auf den Zetteln der Luft und dem Wind. Es ist wunderbar, wenn ein Windstoß die Zettel weit davonträgt. Es ist jedoch ebenso effizient, wenn Sie die Zettel aus geringer Höhe auf die Erde flattern lassen. Leicht, luftig und frei darf es sich an dieser Stelle anfühlen. Schließen Sie kurz die Augen und formulieren Sie eine Dankesbotschaft. Kehren Sie, sobald Ihnen danach ist, nach Hause zurück.

Heutige Räuchermischung

Wählen Sie heute eine Räuchermischung für Hingabe, Vertrauen und Annahme - passend zu den Themen der letzten Rauhnacht. Mischen Sie hierfür Johanniskraut, Weidenrinde, Kornblumen und Lavendelblüten. Der frische und gleichzeitig würzige Duft dieser Räuchermischung lädt uns nochmals ein, einen weiten Bogen über alle Rauhnächte zu spannen. Geben Sie sich dem Vertrauen hin, dass zum jetzigen Zeitpunkt alles getan ist und Sie alles annehmen dürfen, auch das, was vielleicht noch etwas Zeit oder einen weiteren Jahreszyklus benötigt. Alles ist im ***Jetzt*** gut und stimmig.

Affirmation

„Ich bin ein Geschenk für mich und die ganze Welt.

Du bist ein Geschenk für dich und die ganze Welt.“

Dreikönigstag | 6. Januar | Abschluss der Rauhnächte

Gemeinsam mit dem Göttlichen in die Zukunft zu gehen, darum geht es in der Nacht zwischen dem 5. und dem 6. Januar und am Dreikönigstag. Diese Nacht und der Dreikönigstag werden manchmal auch als die 13. Rauhnacht bezeichnet - insbesondere, wenn man die Rauhnächte bereits am Heiligabend beginnt. Sie entscheiden selbst, ob Sie dieser Nacht nochmals die Bedeutung einer weiteren Rauhnacht zukommen lassen möchten oder ob Sie diese einfach als Abschluss der Rauhnächte wahrnehmen, die Sie mit besonderen Ritualen begehen möchten. In der Nacht vom 5. auf den 6. Januar schließen sich um Mitternacht die Tore zur feinstofflichen Welt. Bis zu den nächsten Rauhnächten am Ende des Jahres sind die Tore dann fest verschlossen. Man sagt, dass es von an nur wenigen Menschen vergönnt ist, die Grenzen zur Anderswelt zu überschreiten - bspw. besitzen Schamanen die Fähigkeit, die Grenzen zur Anderswelt zu überwinden.

Auch wir haben während der vergangenen Tage unsere Intuition und unsere Wahrnehmung geschärft, sodass wir uns sicher sein können, dass auch uns die Tür zur Anderswelt nicht bis zu den nächsten Rauhnächten komplett verschlossen bleibt. Je mehr wir bei uns selbst sind, und uns und unseren Mitmenschen sowie der Natur mit Achtsamkeit begegnen, umso mehr Zeichen empfangen wir und umso verbundener dürfen wir uns fühlen. Aus der tief greifenden Verbindung zur geistigen, feinstofflichen Welt können wir jederzeit Kraft und Energie schöpfen, wenn wir es nur zulassen.

Rückblick zur 12. Rauhnacht

Wie haben Sie sich heute Morgen beim Aufwachen gefühlt? Waren für Sie noch die Träume und Bilder aus der letzten Nacht präsent? Oder war da eher das Gefühl, sehr tief und traumlos geschlafen zu haben? Vielleicht durften sich während des Schlafes auch Bilder und Vorstellungen in Ihrem Geist nochmals verankern - z. B. die Erinnerung an den 13. Wunsch, für dessen Erfüllung Sie selbst verantwortlich sind, vielleicht haben Sie auch ein Zeichen aus der anderen Welt während der Nacht empfangen.

Nehmen Sie sich die Zeit, nochmals genau hinzuspüren, welche Empfindungen an die letzte Nacht sich vielleicht noch zeigen möchten, am heutigen Tag, am Abschluss der Rauhnächte. Ihr Ritual, ein Traumtagebuch zu führen, können Sie auch weiterhin als tägliches Ritual integrieren - legen Sie Ihr Traumtagebuch einfach auf Ihrem Nachttisch bzw. in der Nähe Ihres Bettes. So können Sie morgens nach dem Aufwachen, wenn Ihre Träume und Bilder, die sich nachts gezeigt haben, noch präsent sind, diese direkt notieren. Wenn Ihnen danach ist oder Ihnen ein Traum bekannt vorkommt oder wenn Sie Parallelen zu Situationen im Hier und Jetzt erkennen, können Sie das Buch jederzeit zur Hand nehmen und nachlesen, was Sie notiert haben. Mitunter verstehen wir Bilder und Zeichen erst nach einer geraumen Zeit und nicht in exakt dem Moment, in dem wir sie empfangen haben.

Der 13. Wunsch

Zu Beginn der Rauhnächte haben Sie insgesamt 13 Wünsche formuliert und notiert. In jeder Rauhnacht haben Sie einen Wunsch - ohne zu wissen, welches der jeweilige Wunsch war - dem Feuer übergeben und damit dem Universum die Erfüllung von zwölf Wünschen überlassen. Seien Sie hier im Vertrauen, dass diese Wünsche Wirklichkeit werden, wenn die passende Zeit dafür ist.

Der 13. Wunsch, auf einem Wunschkärtchen formuliert, ist nun übrig geblieben. Es ist der Wunsch, den Sie sich selbst erfüllen müssen und für den Sie allein verantwortlich sind. Öffnen Sie nun dieses Kärtchen und lesen Sie Ihren Wunsch laut vor. Was löst er in Ihnen aus? Ist er noch immer so präsent wie am Anfang der Rauhnächte? Oder ist er eher unsichtbarer geworden, nicht mehr so wichtig wie vor einigen Tagen?

Sind andere Dinge mehr in den Vordergrund gerückt? Bewerten Sie auch hier nicht, stellen Sie sich einfach bereits heute vor, wie Sie sich bei der Verwirklichung des Wunsches fühlen werden. Nehmen Sie dieses warme Gefühl mit in den Schlaf und mit in Ihre Träume. Legen Sie das Zettelchen mit Ihrem Wunsch entweder in Ihr Traumtagebuch, an Ihren Altar oder an einen schönen Ort, an dem Sie das Kärtchen immer wieder sehen können.

Frischer Wind und Segen

Öffnen Sie heute alle Fenster und Türen ganz weit - lassen Sie die frische, klare Winterluft in jedes Zimmer strömen. Dem Wind am Dreikönigstag sagt man nach, dass er Segen mit sich bringt und dass er heilende Wirkung hat. Lassen Sie jeden einzelnen Raum Ihres Hauses von höheren Mächten segnen - und sehen diese Segnung nicht zuletzt auch als neuen Lebensabschnitt, als Neubeginn. So wie im christlichen Glauben die Sternsinger, die drei Weisen aus dem Morgenland, von Haus zu Haus gehen, um Segen zu bringen, waren es in Mitteleuropa in der vorchristlichen Tradition ***keltische Schicksalsgöttinnen***, die ***drei Bethen***, die Haus und Hof, deren Bewohner und die Tiere segneten. Wilbeth, Ambeth und Borbeth bilden als die drei Bethen die göttliche Triade als Erd-, Mond- und Sonnenmutter.

Borbeth verkörpert die Aspekte Leben und Tod. Sie personifiziert die Mutter Erde, die ihren dunklen, aber gleichzeitig bergenden Schoß auftut, um Menschen zu gebären und wieder in sich aufzunehmen. Wilbeth teilt das Schicksal zu und symbolisiert den Lebenslauf. Auf ihrem Spinnrad spinnt sie den Lebensfaden. Ambeth ist die Personifizierung der jungfräulich-mütterlichen Erde. Sie ist eine lebensspende Göttin, sie ist licht und gut. Alle drei Göttinnen stehen als Sinnbild für Wohlstand, Gesundheit und Lebenslust.

Die drei Bethen sorgen stets gut für die Menschen und sind insbesondere Kindern und Frauen wohlgesonnen.

Die Bethen ziehen durch die Lande, verschenken Gaben, weiter kann man sich bei den Bethen weisen Rat einholen sowie über das Schicksal reden oder verhandeln. Im christlichen Glauben unserer Zeit rückt mit den drei Weisen aus dem Morgenland eher der männliche Aspekt in den Vordergrund.

Wer möchte, kann sowohl mithilfe der drei Bethen als auch der drei Weisen aus dem Morgenland eine Verbindung zur Anderswelt schaffen. Mit einer entsprechenden Räucherung aus Weihrauch und Myrrhe würdigen wir heute all deren heilenden Kräfte. Bitten und Gebete dürfen heute mit dem weißen Rauch Richtung Himmel und Richtung Universum getragen werden.

Tagesfragen

Für die Beantwortung der Tagesfragen schaffen Sie heute einen besonderen Rahmen: Zünden Sie eine schöne Kerze an, suchen Sie sich einen ruhigen Ort, an dem Sie nicht gestört werden. Nehmen Sie ein hochwertiges Papier zur Hand, weiter Ihr Traumtagebuch, Ihr Tagebuch, einen schönen Stift und vielleicht noch einen oder mehrere Gegenstände, die Ihnen während der Rauhnächte besonders ans Herz gewachsen sind oder große Kraft gespendet haben.

- Welche Erinnerungen und Muster habe ich verarbeitet und was möchte noch aufgearbeitet werden? Wann soll dies geschehen? In diesem Zyklus oder vielleicht erst im nächsten Jahreszyklus?
- Welche Themen benötigen noch mehr Zeit oder werden mich eventuell noch viele Jahre begleiten? Wie gehe ich damit um?
- Welches Thema ist immer wieder aufgetaucht?
- Was möchte ich heute gerne zum Abschluss loslassen, von was und/ oder von wem möchte ich mich verabschieden?
- Welche neuen Türen möchte ich öffnen? Worauf möchte ich meine Aufmerksamkeit und meine Energie richten?
- Wie ist nun meine Beziehung für feinstofflichen Welt, zu dieser Welt, die sich nicht mit logischen Argumenten erklären lässt?
- Hat sich meine Wahrnehmung während der letzten 13 Tage verändert?
- Wie kann ich mich - auch nach den Rauhnächten - weiterhin in meinem Leben mit der feinstofflichen Welt verbinden?
- Welche Inspirationen und Ziele sind besonders wichtig für mich im neuen Jahr?
- Traue ich mich, meiner Intuition und meinem Gefühl zu folgen? Was oder wer könnte mich hier unterstützen?
- Wie habe ich die Rauhnächte generell empfunden? Was ist mir besonders in Erinnerung geblieben?

Lassen Sie sich die Zeit, die Sie zur Beantwortung der Fragen benötigen. Legen Sie anschließend dieses Blatt an einen Ort Ihrer Wahl (Altar, Nachttisch, ...), wo es für Sie präsent bleibt. Kommen Sie in den nächsten Wochen und Monaten immer wieder darauf zurück und schauen Sie, an welchem Punkt Sie gerade stehen.

Zeit in der Natur

Nutzen Sie den heutigen - vielleicht arbeitsfreien - Tag für einen langen Spaziergang in der Natur. Während der Rauhnächte durften Sie sicherlich bisweilen die Kraft der Natur wahrnehmen, die sich auch in Form von verschiedenen eindrucksvollen Witterungen zeigte. Gehen Sie auch heute los, wenn es stürmt, schneit oder neblig ist, und nehmen Sie die Kraft der Natur wahr - ganz bewusst, ganz präsent, als ein Teil davon.

Verschenken von Schutzsymbolen an die Liebsten

Der heutige Tag steht unter den Aspekten Schutz und Segnung. Nutzen Sie diesen Tag, um Ihre Lieben und die Menschen, denen Sie Schutz und Segen wünschen, zu beschenken. Sei es mit einer kleinen Engelsfigur oder Engelbildern, mit schönen Karten oder mit einem selbst gebastelten Symbol. Wichtig ist die Geste, nicht der materielle Wert des Präsents, auch sollten Sie das Geschenk vor der Übergabe segnen, damit es die Schutzwirkung entfalten kann. Sie können hierzu ein kleines Gebet sprechen, in eine kurze Meditation hineinsinken oder einen Augenblick die Augen schließen und die höheren Mächte und Ihre Schutzengel um Segen, Schutz und Unterstützung für die von Ihnen geliebten Menschen bitten. Geben Sie die kleinen Geschenke von Herzen weiter - unsere Herzenergie ist unendlich kraftvoll und immer spürbar.

Zum Abschluss

Am 6. Januar schließen wir nun endgültig die Zeit der Rauhnächte ab. Ganz sanft und noch zart darf sich an diesem Tag das neu erwachte Licht zeigen und der Blick weiter nach vorne gehen. Unser eigenes inneres Licht hat sich in den letzten Tagen und Nächten befreit von allem Alten, Schweren, von allem, was uns nicht mehr guttut und wir künftig nicht mehr benötigen. Mögen nun die Kräfte in uns größer und mächtiger werden, mögen sie gestalten und sich entwickeln.

Wir dürfen uns auf ein segensreiches, neues Jahr freuen.

Literatur (Auswahl)

Fetzner Angela: Die Rauhnächte. Ein spiritueller Begleiter durch die zwölf magischen Nächte. Achiel Verlag 2021.

Fetzner Angela: Die Rauhnächte - Die Zeit zwischen den Jahren und Welten. Achiel Verlag 2021.

Fetzner Angela: Wicca - Das Geheimnis der neuen Hexenkunst. BoD 2020.

Fetzner Angela: Geheimnisvolle Magie: Entfessle Deine spirituelle Kraft - Hexenwissen, Liebeszauber, Räucherrituale. Achiel Verlag 2022.

Fetzner Angela: Krafttiere und Schamanismus. Die verlorene Seele wiederfinden. BoD 2017.

Fetzner Angela: Krafttiere als Spiegel der menschlichen Seele: Wegbegleiter am Wendepunkt des Lebens. Nova 2021.

Fetzner Angela: Schamanische Reisen zum Krafttier - Heimkehr der verlorenen Seele. BoD 2019.

Fetzner Angela: Die Alraune - Pflanze der Liebe, Pflanze des Todes. BoD 2019.

Fetzner Angela: Im Bann des Waldes. 2020.

Fetzner Angela: Waldbaden - Auf der Suche nach dem verlorenen Selbst. BoD 2020.

Fetzner Angela: Aromatherapie - Die heilende Kraft ätherischer Öle. BOD 2021.

Cunningham Scott: Earth, Air, Fire and Water. More Techniques of Natural Magic. Llewellyn Publications 1991.

Cunningham Scott: Living Wicca. A further Guide for the Solitary Practioner. Llewellyn Publication 2012.

Pearson; Richard H. Roberts; Geoffrey Samuel (eds.). Nature Religion Today: Paganism in the Modern World. Edinburgh.

Hanegraaff Wouter J. (1996): New Age Religion and Western Culture: Esotericism in the Mirror of Secular Thought. Leiden: Brill.

Harvey Graham (2007): Listening People, Speaking Earth: Contemporary Paganism (2nd ed.). London: Hurst & Company.

Stäubli Hanns Bechthold: Handwörterbuch des deutschen Aberglaubens. 1927-1945.

Campbell Robert: Die Masken Gottes. Sphinx 1991 (übersetzt aus dem Englischen).

Grimm Jacob, Grimm Wilhelm: Kinder- und Hausmärchen. Dieterichsche Buchhandlung. Göttingen 1815.

Grimm Jacob: Deutsche Mythologie. Dieterichsche Buchhandlung. Göttingen, 1835.

Briggs Katharine Mary: Encyclopedia of Fairies. 1818.

Joyce James: Ulysses. Paris 1922.

Campbell Joseph: The Hero with a 1000 Faces. 1949. Pantheon Books.

Encausse Papus Gérard Analect Vincent: Les Arts Divinatoires. Chamuel, Paris 1895.

Zur Autorin

Dr. Angela Raab geb. Fetzner, geboren in Bad Kissingen, ebenda auch aufgewachsen.

Studium der Pharmazie in Würzburg, anschließend Approbation zur Apothekerin. Aufbaustudium der Pharmaziegeschichte in Marburg, Abschluss als Pharmaziehistorikerin.

Dort auch Promotion zum Dr. rer. nat.

Seit 1996 bis dato Arbeit in öffentlichen Apotheken und Krankenhausapotheken in ganz Deutschland sowie der Schweiz. Daneben Seminartätigkeit im In- und Ausland.

Von 2012-2022 Veröffentlichung von mehr als 50 Ratgebern und Fachbüchern v. a. zu verschiedenen Gesundheitsthemen, die Hunderttausende von Lesern begeistern.

Ein herzliches Dankeschön

- an dieser Stelle an alle werten Leserinnen und Leser. Lob, Kritik oder Anregungen können Sie mir gerne auf meiner Facebook-Seite

https://www.facebook.com/AngelaFetzner

oder auf meiner Autorenhomepage mitteilen:

https://www.angela-fetzner.de

Bücher von Dr. Angela Fetzner

Auf meiner Homepage finden Sie nicht nur alle meine Bücher, Hörbücher und E-Books. Darüber hinaus möchte ich meinen Leserinnen und Lesern auch einen besonderen Service bieten. So stelle ich auf meiner Homepage regelmäßig Onlinelesungen von mir ein, weiter schreibe ich Blogartikel zu verschiedenen Themen sowie Rezensionen zu diversen Büchern.

Hier können Sie sich auch für meinen Newsletter anmelden, um regelmäßig Informationen über neue Bücher, Preisaktionen, Verlosungen und Gesundheitstipps zu erhalten.

Außerdem finden Sie meine E-Books in allen führenden Online Shops und die Druckbücher im Versand- und Standardbuchhandel.

Sie finden mich auch in den sozialen Netzwerken:

Facebook, Twitter, Instagram und Youtube.

https://angela-fetzner.de/___/

Dr. Angela Fetzner

Geheimnisvolle Magie

Entfessle Deine spirituelle Kraft

Hexenwissen, Liebeszauber, Räucherrituale

279

Geheimnisvolle Magie: Entfessle Deine spirituelle Kraft - Hexenwissen, Liebeszauber, Räucherrituale

Auf über 250 DIN A5 Seiten (Druckausgabe) findest Du alles Wissenswerte über die Geheimnisse der Magie.

Das Buch enthält über 40 farbige Fotos und Illustrationen.

Bist Du bereit für Deine magische Reise?

Magie ist so alt wie die Menschheit - sie ist unser uraltes Erbe. In jedem von uns schlummern geheime, unentdeckte Kräfte, und unsere eigenen inneren Gezeiten sind auf subtile Weise mit den Zyklen des Mondes und der Sonne verbunden, mit den Sternen und der Erde, auf der wir gehen.

Wie sieht es aus - bist du bereit für neue Erfahrungen?

Dann beginnt Deine magische Reise ... jetzt!

- Was ist Magie überhaupt?
- Der Alte Pfad
- Verschiedene Arten der Hexerei
- Unterscheidung Schwarze und Weiße Magie
- Hexenfrauen – Wer kann eine Hexe sein?
- Entfessle Deine Kraft als Hexe
- Buch der Schatten
- Trance, Träume und Meditation
- Grundausstattung einer Hexe
- Magische Kräuter und Pflanzen
- Räuchern
- Edelsteine und Kristalle
- Magische Symbole
- Rituale und Zaubersprüche
- Runen
- Heidnische Feste
- Die Elemente und der Schutzkreis
- Siegelmagie
- Mondzauber, Liebeszauber, Gesundheitszauber
- Wahrsagen (Tarot, Handlesen, Pendeln, Runen)